イスラーム信仰叢書 10

イスラーム信仰と現代社会

水谷周 編著

国書刊行会

最も慈悲深く、最も慈愛あまねきアッラーの御名において

はじめに

信仰は不動の信条であるとしても、いつも移り変わる人の世の実情の荒波にさらされている。その荒波を乗り越えなければ信念は空論に帰してしまうし、他方、乗り越えさせてくれなければ信仰の真価は証明されないことにもなる。

現代社会が過去幾世紀の社会より波が荒いかどうかは即断できないにしても、新たな荒波に襲われていることは間違いない。それは政治、経済、社会や文化面など多岐にわたる包括的な危機として捉えられる。それだけ変革の規模や震度は、とくに宗教信仰との関係において大きいのである。本書では、現代社会が提起している問題の主な諸側面を概観するとともに、それらをイスラームとの関係でどう考えるのかを探求する。

本書の初めの論文は編著者自身のものである。「イスラームと現代政治」というテーマで、とかくテロ活動との関連などで報道をにぎわすことが多い昨今であるが、中東アラブを中心とした政治動向、中でもその不安定性をめぐってイスラームとの関連に論及した。イスラームは、

かつては社会において庶民間の横の連携を確保するシステムであったが、近代化の性急な変革により中央政権の縦の軸のみが肥大化し、横の紐帯は放置されてきたことが、継続する不安定性の根本原因であると論じている。それだけに、新たな世紀におけるイスラームの意義と役割を改めて見出そうとする結論でもある。

次のマッラート論文は「イスラーム法と国家の構築」と題されている。著者は編著者の二〇年来の友人であるが、米国エール大学、プリンストン大学、そしてハーヴァード大学やユタ大学で教鞭を取るイスラーム法学の気鋭の研究者、論客である。さらにまた、イラク戦争後の再建、とくに憲法発布と法治国家樹立作業に現場の指導も行ってきた人である。彼の論文の主張点は、中東アラブには国民国家への軸と宗派共同体への軸があり、後者のほうがしばしば前者より強く、そのために例えばシーア派の国境を越えた革命の輸出活動の原因ともなってきた。この新たな局面を前にしてイスラーム法への斬新な期待が高まるが、しかし国家と宗派両者の適切なバランスの達成は、二一世紀をかけても容易ではないとする。

右二論文ともイスラームの政治・法律面での新たな固有の意義に焦点を当てる点では一致しており、両者は互いに補完し合っている。さらにマッラートは本年のアラブ諸国における革命の動向に鑑み、「非暴力への権利」と称する民主化運動を国際的に巻き起こしているので、その生々しい現状を特別リポートとして寄稿してくれた。

三つ目は「グローバル化時代のイスラーム信仰」という奥田論文である。イスラームの観点から見たグローバル化を「家畜以下の者たちが、家畜化した人々を支配、収奪する過程」とし、「人間が人間であることを自ら放棄する過程」になってしまう危険性を指摘する。イスラームの信仰に求められているのは、グローバル化を受け入れるためにイスラームの教義や法との間に折り合いをつけることではなく、信仰にもとづくタウヒード（唯一性）的なグローバル化の姿を提示することであるとする。唯一神としてのアッラーのあり方についての神学的な議論、ラッバーニー（主の忠実な僕）としての信者のあり方についてのシャリーア（イスラーム聖法）からの議論を踏まえながら、イスラームの信仰がもたらすグローバル大のガバナンス（統治）のありようを展望する。体制や統治者の如何にかかわらず果たされる人間としての義務と、人間であるというただそれだけの理由で守られる人間としての権利によって支えられるイスラーム的ガバナンスの世界。人類大で享有されるべき現世と来世の双方で幸福の実現を目指して、グローバル化時代にイスラームの信仰と法が果たすべき役割について論じる。

最後は、「現代社会とイスラーム」という四戸論文である。日本におけるイスラーム信仰を「日本におけるイスラーム信仰の起源を取り巻く事情」と、「日本人のイスラーム理解を困難にする初期イスラーム社会構造―生産なき交易型社会」の二つの側面から検討する。前者は日本のイスラーム伝来を仏教伝来、キリスト教伝来に対する日本人の対応の伝統の中で、後者は「利子禁止」のイスラームの教義を切り口として生産なき交易型の初期イスラーム社会の倫理・道徳観を、伝統的に農業、工業を基本とした日本の「生産循環型社会」のそれらとどう調和させることが可能なのかを検討する。富の尺度が土地を生産手段とした故に石高であったような日本社会であり、他方、富の尺度が商品と貨幣を生産手段としたイスラーム社会なのであり、その産業構造的視点なしにはイスラーム理解が困難なのは当然である。したがって、日本では士農工商の身分観で農を尊ぶが、イスラームでは武装商人を最高身分としたことも理解可能となる。本稿はそうした検討を、原典資料をもとに試みている。

以上、初めの水谷・マッラート両論文は中東社会を、奥田論文は国際社会を、そして四戸論文は日本社会を対象に論究していることとなる。いずれもそれぞれの社会がイスラームとの関係で提示している最も先端的な諸問題を取り上げ、正面から取り組んでいることが特徴であるといえよう。

本書『イスラーム信仰と現代社会』は、「イスラーム信仰叢書」10であり最終巻だから、（配本順では第9回になるが）全体のアンカーの位置づけにある。それは格別な意図があってそうしたのではなく、原稿の準備など種々の事情が左右した結果の側面のほうが強かったというのが実際のところである。

しかし逆にそのような結果から発想すると、あながち意味が全くなくはないとも思えてくるから不思議である。つまり、宗教信仰は博物館の中の過去の遺産ではなく、日々の迫り来る障害や誘惑の中を人が生きていかねばならないという、現実世界とのせめぎ合いの中にある。したがって現代社会の中でのイスラーム信仰を考えること、それはなかんずく、信仰の本質を突くという営みそのものだからである。

本書が読者諸氏に新鮮な切り口を提供し、理解への扉を開くことができれば幸いである。

二〇一一年夏

編著者　水谷　周

目　次

イスラームと現代政治——正像を求めて

水谷　周

〈要　旨〉

イスラームはしばしば政治との関連で取り沙汰される。本論の課題は、とくに政治的安定性をめぐる諸問題について、イスラームの中からの正像をその背景とともに読者に提示することである。

Ⅰ　政治的不安定性——国権の横暴に掣肘を加えるのは、制度であり思想である。イスラームは、それらを具体的なかたちでは十分には準備していない。他方、現在の中東イスラーム諸国の政治的不安定性の根本原因は、本来イスラーム社会に維持されていた横の紐帯が破壊されるなか、近代化への強烈な行政需要のもとで国権という縦の関係のみが肥大化したことにあると見られる。こうして国民の不満は、一斉蜂起や革命にしか現実的なはけ口が見出せなくなった。

Ⅱ　未熟な政治制度論——イスラームで政治制度は定めず、ハリーファ制も義務づけてはいない。ただし政治を道徳・倫理の脈絡で捉え、また独裁制や軍政へのアレルギーがないことなど広義の政治文化については、イスラームがほとんど唯一の源泉としてその多くを提供してきた。また自爆テロをアラビア語で殉教死と称する欺瞞は、昨今は自殺的爆破という用語に変わりつつあり、ようやくイスラームを僭称する傾向は克服されつつある。

Ⅲ　政治思想の欠陥――イスラームの歴史を通じて有力な政治思想が表明されてきたが、主としてそれらは制度論や人々の政治参画の発想を抜きにした、支配者の指南のための内容であった。そこで独立後の中東諸国は、欧米の政治思想の波にあおられることとなった。民族主義、自由主義、社会主義などは、いずれも十分には消化されず、新たな政治的エネルギーの中軸とはなりえなかった。

Ⅳ　民主主義？――イスラーム社会の横の連携を確保する制度として、民主主義は根づくのであろうか？　主権を神から人に移す世俗主義は抵抗が多く、他方、イスラーム法の性急な全面適用を主張する過激な思想も表明されている。本年初頭より連綿と続いた長期独裁者の追放を経てもなお、それが示す方向性は民主主義の訴えそのものとは、似て非なるものであるようだ。

Ⅴ　今後の課題――人々のネットワークでありショックの緩衝材である横の関係がその政治的機能を果たすために、互恵と共生の社会システムとしてのイスラームの役割が再び注目される。それは性急な近代化の時代を抜け出た新たな時代の要請であるが、ムスリム同胞団もその方面での顕著な役割を果たしてきた。中東を吹き抜ける革命の嵐の背景には、このようなＮＰＯの組織が市民間のネットを提供した面があり、その意義は大きい。

目　次

近時のイスラームは、いろいろ新聞紙面を賑わす事件との関連で注目されることが多い。二〇〇一年九月のニューヨークの世界貿易センタービル等に対する同時多発テロ事件以来、その傾向はとくに顕著である。テロ活動だけではなく、ヨーロッパを中心に預言者ムハンマドを漫画で風刺した事件も一度ならず起こったし、アジアではムスリマ（女性信徒）に対する鞭打ち刑で騒がれた。こういったもろもろの新聞沙汰で一番迷惑を被ったのは誠実なムスリムであり、本来平和を説くイスラーム自身であったとの声が、ムスリムの間でよく聞かれるようにもなった。

一方で、右のような時事的な扱いがすべてでないことも、多くの人たちが直ちに想像し理解するところであろう。七世紀初めにイスラームの教えが弘めはじめられて以来、一四〇〇年近くの長い歴史を経過してきたわけだが、平和の教えでなく人心に安寧を与えることなく、そのような実績が残せるはずがないからだ。

このように現在イスラームは一つの極から他方の極まで、相当幅を持って見られている。ここに本論の課題がある。つまりイスラームと現代政治の関係について、できるだけ振り出しに戻って、もつれた糸を解きほぐしつつ、イスラームの中からその正像を探求しようということである。

I　政治的不安定性の主要原因

本年初めの最大のニュースは、あの安泰と見られてきたチュニジアで大統領が政治亡命するに至る、典型的な革命が起こったことであった。さらには同様の事態が周辺諸国へ直ちに波及した。

本稿で初めに取り上げる論点は、イスラーム諸国の多くが現在、政治的に安定し順調な発展過程にあるとは見受けられないことの主な原因である。それは単刀直入にいえば、大半の旧植民地や発展途上国に見られる一般的な現象である。その意味では何もイスラーム諸国をとくに取り上げる必要はないのかもしれない。しかしそこにイスラーム固有の事情があるとすれば、やはり右の論点は成立する。そしてこの論点に関して考える必要のある理由は、あたかもそのような政治的不安定性の原因が、イスラームに内在しており、それと不可分な一体であると見られているのではないか、ということである。もしそうならば、それは大変な誤解であり、是正を図る必要がある。そしてそれは何も護教的な発想ではなく、正しい理解と正像を把握することを目途とする。

振り出しに戻る手始めとして、まず「政治」という用語を定義しておきたい。それは、人の社会を治めるための権力の分配の仕方であるとしておこう。それにはいわゆる独裁制や貴族制、あるいは寡頭制や民主制などがあるが、どれが良い、悪いといった価値判断からは中立的な立場を本論では取っている。どの術語で表現するにしても、権力行使の制度化があっての政治であり、それが欠如している場合は混乱であり無秩序な社会になる。

次いで確かめておきたい事柄は、いかなる政治であっても統治者と被統治者の間には、その政体に関し何らかの合意が成立しているという点である。その最も明示的なケースは、民主主義における選挙制度を通じての統治者の自由選択である。しかしたとえ独裁制であっても、一定の制度化が図られるほどの安定した時間が流れる時には、そのあり方についての広い合意が

昔ながらの市場の日常生活

あると想定される。そうでなければ、暴動や革命に至るであろう。独裁制は右にいう合意が崩れやすいという意味で、民主制よりは不安定であるということになる。

イスラームと政治を語る場合、最も重要な歴史的事実は、一六世紀以来、数世紀にわたってオスマーン帝国が安定した治世を実現していたことである。わかりやすい例でいえば、それは江戸幕府か、あるいはそれを上回る長期安定政権であったのだ。イスタンブールを首府とするハリーファ・スルターン制という独裁制ではあったが、モロッコからオスマーン、そしてバルカン半島を含む広大な版図を現代のような高度な交通・通信手段なしに治めたのであった。それはまさしく驚異的な偉業であった。

その間、オスマーン帝国臣民はどのような意識で日々を過ごしたのであろうか。当然、置かれた場所や社会的な地位によって大変な違いがあったことはいうまでもない。ただ一般論としては、オスマーン帝国政府はイスラームを標榜する政権であり、臣民としてはそのコスモポリタンな広い原則に則った地域社会の中で生活を展開する立場に置かれていた。それらおのおのの社会を治めたのは、中央から各地域に任命された知事や裁判官もいたが、同時にウラマーなどのイスラーム法学者を中心とした有識者、有徳者や土地の名士、豪商など、その地方ごとの有力者であった。前者を縦の糸とするならば、後者は横の糸ということになろう。

中央との縦のつながりの緩やかな事例を少し挙げよう。例えばオスマーン朝後期のパレスチナを見れば、州（ウィラーヤ）という行政単位は他の帝国各地とは異なって置かれず、したがって知事の派遣もなかった。しかし郡（サンジャック）には郡長が派遣されて、その下の行政単位である町（バラディーヤ）の長は地元選出とされていた。その町行政は、オスマーン朝全土を通じて同様であるが、一八七七年の地方都市法によって初めて法制化され、それによって中央との連携強化が図られたのであった。さらに遠隔地のイラク州などへの知事派遣は、一九世紀半ばのオスマーン朝のタンズィーマート改革といわれる近代化政策の一端として初めて実現した。ただし、

静かなマスジドの洗浄池

そのほとんどは請負徴税方式の不在国司であり、現地との関係は薄く、その縛りはまだ決して強いものではなかった。

どのような政治制度であっても、民意を全く無視しそれに逆らう統治はありえないし、存続しえないことは右に触れた。それは縦と横の力関係が、何らかの方式で緊張はしていても切れるほどではなく、維持されていることを意味する。このような一般論は、オスマーン帝国に限らず、もっと広く妥当することは自明である。ただし、ここで特有な重要性は、横の糸を維持するのにウラマーなどイスラームの有識者が大きな役割を果たしていたという点にある。

以上のような鳥瞰図による観察は、イスラームの近代史が日本ではまだまだなじみ薄いものである以上、概観であっても意味があると思われる。そこで次に進むと、全体として均衡が保たれていたのに、それを破る一大事件が発生したのであった。日本でいうと、それはまさしく黒船の突然な来訪であった。それにより泰平の眠りから覚まされたのであった。オスマーン帝国の場合は、一七世紀にウィーン攻略に失敗した時点からオスマーン側の劣勢が決定的になったようにもいわれる。事態はそれほど短絡的ではなかったにしても、ヨーロッパ側の優勢はそれ以来、多様な接触によってますます明らかとなった。

そこで一斉に始められたのが近代化であり、富国強兵の努力であった。それは明治維新と映像が完全に重なる。オスマーン帝国の場合は、一九世紀当初より着手されていたので、日本より早く始まったのであった。このいわゆる近代化政策がもたらした結果として、政治的には単なる立憲議会制の導入という表面的な事象だけではなく、上記に言及した縦と横の両方向の関係に破滅的な影響があったことを見逃すべきではない。近代化は巨大な行政需要であり、それが同時に行政権力の肥大化を伴ったのは必然であり自然であった。他方、横の関係、すなわちいわゆる伝統的な社会の紐帯は省みられることなく、反古にされてしまう運命にあった。

話はオスマーン帝国にとどまらず、一九一八年にそれが崩壊した後に登場したアラブ諸国においても同様な流れが継続する羽目となった。それがイラクではサダム・フセインを生み出し、エジプトではナセル革命以前とそれ以降を通じての王制や軍事独裁制の土壌を提供したのである。過度の軍事行政の需要を強いた背景は近代化への性急な願望であり、同時にそれは横の方向に張りめぐらされるネットワークの消失となったのであった。さらには植民地主義の執拗な横槍も、大いに社会の政治的成熟を妨げてきた。

横の関係は民衆の苦労を聞き、その陳情を取り上げたりする社会のはけ口であり、場合によっては制度的には確保されていないにしても、結果として民意を形成する役割を荷っていた。その社会変動のショック・アブゾーバーであり、クッションのような役割を果たすといえよう。そ

不満の爆発

して政治的にウラマーたちは、反乱による混乱よりは、忍耐で圧政をしのごうと呼びかけることもしばしばであった。この横の機能が麻痺したまま、さらにはそのような独自の枢要な機能を消失してしまったのだという意識さえないままに、オスマーン帝国の末裔たちは長時間を過ごして今日に至っているとも表現できる。もちろんその間には、「民主主義」の提唱は少なからずあり、したがって完全に意識がないというのは当たっていないだろう。それにしても、そのような横の関係を確保する課題を正面から取り上げる余裕がないほどに、縦の関係に振り回されてきたといえる。

ここに中東・アラブを中心として見たイスラーム諸国における、政治的動揺と混乱の主要原因があるのである。人々の社会的不満は直ちに縦の関係の緊張を生み、そして動乱と革命の連鎖を招くこととなったのである。以上の事態を欧米流の用語で言うと、「市民社会」が成長していないということでもある。[1] ただし、ここではその用語は避けている。というのは、その用語を持ち出すや否や、すでにそれは基本的人権や議論を行う公共の場の存在といった欧米流の価値観や社会的伝統を排除しにくくなるからである。そうではなく、ここで強調しているのは、「市民社会」を説く際に出されるそれらの諸側面は、実はイスラームの歴史と社会でも実際上は享受されてきたものであったということである。

問題は用語や術語ではなく、実態である。イスラームにおける胸襟を開いた人的関係のあり方は、ムスリムでなくとも十分知りうるし、理解されるところである。ムスリムは全員兄弟で同胞であるということは、口先だけの標語ではなく、日々の現実に生きている実態である。さらにはムスリムでない他宗教の信者もその信仰は許容されるというのが、預言者ムハンマドが七世紀の最初に形成したアルマディーナの共同体（ウンマ）の前提であった。盟約の下の共同体構成員として、協力、共存が強調されたのであった。

ではどうして、そのような重要性があるという、横の関係を持つ共同体的社会の復興や新たな形成に力が入れられずに来たのであろうか。そしてそれは今後どうなるのであろうか。これらは一種の政策論であり、責任論でもある。責任の一端が欧米の植民地主義による、意図的な政治的軍事的介入と民意の歪曲にあることは否定できない。しかし、それだけなのかどうか。そもそも近代化という膨大な課題を前にすれば、どのような国民や社会であってもその近代化努力だけで手一杯になりがちだというのも事実であろう。

日本にしても長く、国民はいても市民がいない、と評されてきた。太平洋戦争に敗北して一気に民主主義に転換しなかったとすれば、わが国においても横の関係の充実は相当遠のいたであろう。そして、それが戦後高度経済復興に支えられたからこそ、ようやく市民関係の膨らみの意味を知り享受し、その固有の機能を育むに至ったのであった。

以上をまとめると、イスラーム社会に本来享受されてきた、横の社会関係が崩壊し、近代化の逼迫した必要性を前にして、縦の国権の機能が偏頗に強化されたことに政治的不安定性の原因が潜んでいるということになる。

なおこれに加えて、伝統的な統治者であるハリーファに対する諮問的な役割をウラマーが果たしてきたことを重視する視点もあることを紹介しておきたい(2)。

ハリーファにとってウラマー層は、聖法を司る者として一目置く存在であったことは間違いない。それは、統治者に対する一定の抑制力として機能したのであった。アッバース朝の高名なハリーファであったハールーン・アルラシード（在位西暦七八六ー八〇九年）はマッカのカアバ聖殿を新築する願望を持っていたが、それは無闇に手をつけるものでないとのウラマーの見解により断念したなどの例もある。

やっと立ち上がるウラマーたち

このようなウラマーのイスラーム法解釈と法勧告的な力が衰えた最大の理由は、やはり近代化の重要な側面の一つである実定法制定の流れであった。それにより、ウラマー達の解釈の余地が狭まり、活躍の場も同時に狭まったという事情である。加えて司法省・近代的裁判所や教育省の設置は、彼らの発言権を狭める結果となった。そしてウラマーは支配者の権力行為を掣肘するどころか、それに媚びるかまたはその庇護を求め、ただ大人しい官僚となるのが常態となった。

このことは、社会における人々の横の紐帯が瓦解したことと同時並行に進行した。政治的不安定性との関係では、両者は近代化という一つの源泉から流れ出し、いずれも支配者の権力集中という一つの溜池に流れ込んだのであった。

Ⅱ　イスラームの政治制度論

次いで取り上げる論点は、過激派の活動をイスラームではどう考えるのか？　あるいはその前提として、イスラームではそもそもどのように政治を説いてきたのであろうか？　これらの疑問である。

1　イスラームの教えと政治

イスラームの教えにおける政治の問題に関して、次のような極論を見聞きする。つまり、イスラームはすべてについて規範を垂れているのであり、したがって政治のあり方も万般取り仕切っており、その政治体制としては歴史上に見られたハリーファ制の復活を要求するといった見解である。

本当にそう考えられるのであろうか？　あの一冊の書にすべて――政治、経済や文化など――が定められているとすれば、主としてそれは原則論や精神論ではないのか？　このような素朴な疑問が湧いてきても、何も不思議はない。もし疑問が当たっているならば、安直にそれにすべてを期待し依拠する姿勢は正さなければならないということになる。

当初の質問である、本当にイスラームは包括的な教えかどうかということに対する回答は一応、イエスである。事実、聖クルアーンにはあの世とこの世にまたがる種々の教えであり、その規定が記されていることは間違いない。ただし留意しておきたいのは、およそ世界の宗教にはそのような両世界にまたがるかたちの教えがいろいろあって、イスラームに限るわけではない。早い話が、仏教も元来は現世のさまざまな規範を示していたし、それを文字どおり国是として実践しようとした国家や社会はいくつもあった。わが国の聖徳太子も相当程度、その例に漏れない。

ではイスラームでは、政治に関してどのような規定が示されているのであろうか？　とくに政治の縦の関係としての、イスラームの国家観はどのように示されているのであろうか？

まず、国家にあたるアラビア語はダウラであるが、その言葉の語源はダーラ、つまり流転する、という意味である。多数の王朝や支配者の入れ替わりをもって、流転するものと捉えたということである。ただし、ダウラという用語は一度もクルアーンには出てこない。また、預言者伝承にも見当たらない。それは後代のイスラーム社会の表現であって、イスラーム元来の教えではない宗教外の話なのである。

国家に近いクルアーン上の用語は、ウンマである。通常それは、信者の共同体と解釈されている。そしてそれは、主として横の関係を指示している内容である。ただしウンマの中に、ムスリム以外の人たちも共存することは排除されていない。このウンマという用語は二〇世紀に入っても、アラブ民族主義や汎イスラミズムの統一への呼びかけにおいて、概念的な基礎を提供してきたものである。

ではウンマは、そのままイスラームの唱導する国家であると理解されるかというと、それは当たらない。なぜならば、それは信者間の生活様式であり、社会制度として理解されるからである。国家というと、さまざまな権力分掌体制や統治制度を前面に出さざるをえないが、そのような国家組織論はウンマに関連しては説かれていない。

それでは、統治者に関する制度論としてのハリーファ制はどうであろうか？　同制度はクルアーンにも預言者伝承にも提示されておらず、また実際に正統ハリーファの継承の方式にしてもばらばらであった。例えば第二代ウマルは先代の指名により、第三代ウスマーンは代表者の賛同により、あるいはウマイヤ朝に至るとそれは世襲制となった。ハリーファ制はイスラーム法学の一部としてアルマーワルディー（一〇五八年没）がイスラームの教えの空白を埋めるべく発展させたものであることは、後でも見るとおりである。今日ハリーファ制の復活を叫ぶ過激派たちの気持ちは、かつての黄金時代の象徴としてその再現を夢想しているとしかいいようがない。

　他方、制度論は別としても、国家の理念についてはどうであろうか？　信仰を旨とする社会の実現と運用が説かれて、それが国家としても達成し維持すべきであると説かれる点において、ウンマはイスラームの理念上の国家目標と位置づけられるといえそうだ。

　こうして理念先行、制度欠落というイスラームの国家観が浮かび上がってくる。そこでこれをもって、イスラームでは国家の規定があるとするのか、そうではなくただ原則論だけしか言及されておらず国家論が展開されているとは認められないと主張するのかは見方次第であり、あるいは言葉の定義の仕方によるといえよう。

　ちなみに国家観がそのようであるとしても、クルアーンにはしきりに「統治する」という意味で用いられる、ハカマ（名詞形は統治、フクム）という言葉が出てくるので、むしろクルアーンには国家統治のあり方も規定されているに違いないと想定する向きもある。しかしクルアーン解釈上は、ほとんどそれは統治ではなくて、裁く、判決を出す、英知を示す、といった意味で理解される場合が多い。そこからも、クルアーンの規定ぶりは実際の統治とは相当距離があるといわねばならない。なお、政治や政策を意味するアラビア語であるスィヤーサは、クルアーンや預言者伝承では扱われていない。

クルアーンにおけるフクムの多少の例を挙げておこう。
「またあなたがたが人の間を裁く時は、公正に裁くことを命じられる。」（婦人章四・五八）
「もし裁くならば、彼らの間を公平に裁決しなさい。」（食卓章五・四二）
「アッラーはしもべたちの間を、もう判決されてしまった。」（ガーフィル章四〇・四八）
「啓典と英知と預言者としての天分をアッラーからいただいた一人の人間でありながら、……」（イムラーン家章三・七九）

2 歴史上のイスラーム諸王朝

イスラームの歴史を繙く人たちは、誰しも預言者ムハンマド自身による統治の時代（西暦六二二－六三二年）は格別であったことを知っている。それはまだ啓示が降され続けていた時代であった。それはせいぜい一〇年続いた、神政政治というべき時代であった。

そして六二二年、マッカからアルマディーナへのヒジュラ（聖遷）の後は、マッカ時代よりもはるかに法的な内容の啓示が増えたことがしばしば指摘される。しかしそれを見ても、家族制などはあっても国家統治の制度や方法論が頻出したわけではなかった。つまり、国家についての制度論の欠落という右に見た事情は、ヒジュラ後も含めて変わりなかったのである。

六三二年から、イスラーム史上初めての王朝であるウマイヤ王朝が創始された六六一年までの間、いわゆる四代正統ハリーファの時代はどうであったのだろうか？　その期間は、預言者に親しい人たちによるウンマの統治ということで、これも特別視されることが多い。ただし啓示は終了し、明らかに最早、神政政治ではなかった。それどころか何と、四人の正統ハリーファは、全員政敵や奴隷などに暗殺されてしまったのだ。

ウマイヤ王朝以降も第一次大戦終了後のトルコ革命までは、イスラーム諸国では後継者（ハリーファ）による政治が正統性を持つとして、その旗が降ろされたことは一度としてなかった。つまり、ハリーファ統治によるウンマの護持という理念は、歴史の荒波を十分乗り切ったといえるのである。他方、実際の制度としては、軍事独裁制を中心としたさまざまな政体があり、多種多様な政策が取られてきたのであった。

このような中、オスマーン・トルコ朝（一二九九年創始、一五一七年エジプト征服、一九二二年崩壊）は、広大な版図の中に多民族、多宗教を抱え込みつつイスラーム法を掲げ、統治者は実権を握るスルターン職と正統性の証であるハリーファ職を兼務していた。それはしばしばウンマの到来として評され、イスラーム国家の頂点ともされた。宗教的政治的な正統性と法的な仕組みにおいて、それは四代正統ハリーファの時代の再現といえなくもなかった。

3　イスラームの政治文化

制度論に弱いという性格は、例えば一九二〇年代のアラブ諸国の政治的覚醒を物語る議論を見ても、如実にその残滓が見受けられる。それは時として憲法導入にあたり、その文書を採択するだけで立憲政治が達成されるかのような勘違いや幻想を持たせる原因となったとも見られる。

デモ中の礼拝

多少敷衍すれば、政治を道徳・倫理の脈絡で捉えてそれを説いて教える姿勢も顕著であるが、これもイスラームの宗教的信条と渾然一体となった政治観に根ざす遺産といえそうだ。江戸時代の儒教教育を念頭に置けば、その模様を想像するに難くはないだろう。また軍事独裁制が何らの違和感もなく受け入れられることも、イスラーム諸国家が長い歴史において、ほとんど間断なく経験してきたところである。つまり、イスラームでは軍政に対するアレルギーがないことの反映であると見られる。そして政治現象を一種の天与の運命として捉え、それは人力では不可抗力と受け止めがちな習性を植えつけてきた遠因もイスラームである。このような習性も、かつて日本の歩んだ道でもあるので理解に苦労はないだろう。制度論は希薄であるとしても、以上のように広義の政治文化のレベルにまで遡ると、実にイスラームは潤沢な源泉としての役割を果たしてきたのであった。このようにイスラームと政治の関連性は、局面を分けて理解する必要があるということになる。

4　過激派の自爆テロについて

最後に、最近のイスラーム過激派について、とくにその手段である自爆テロに関する見方を取り上げる。それはしばしば殉教と称されて、イスラームの口実の下に敢行されてきた。

殉教者のことをアラビア語では、「真理の証人（シャヒード）」という。それは神の道の証人、という意味で用いられているのである。

クルアーンに「信仰する者、移住した者、またアッラーの道のために財産と生命を捧げて奮闘努力した者は、アッラーの御許においては最高の位階にあり、至上の幸福を成就する。」「かれらのため（の代償）は、楽園である。かれらはアッラーの道のために戦い、殺し、また殺される。」（悔悟章九・二〇、一一一）また「アッラーの道のために殺害された者を、死んだと思ってはならない。いや、かれらは主の御許で扶養されて、生きている。」(イムラーン家章三・一六九)などとある。

そこでイスラームの殉教死は、神の道のために戦って命を落とす者一般を指し、それには病死、出産による死、事故死、自然災害による死なども含まれる。また最たる例は巡礼中の死亡で、死去するまで巡礼地を離れない人も昔は多くいた。

神の道のために戦うのは、心、舌、手、そして刀による四つの方法があるとされる。したがって、精神的な葛藤や内心で篤信に努めることも含まれている。しかしイスラーム法学では、四つの方法の最後にある「刀」による戦闘行為が主として論じられてきた。

戦闘はジハードと呼ばれ、防衛のためであること、非ムスリムを相手とすることなどの諸条件の下で、ハリーファの宣告が前提である。ただし実際は、それに擬して独立戦争などに際しても、ジハードと称されることがしばしばあった。ジハードに参加する者は、ムジャーヒドと呼ばれる。

二〇〇三年のイラク戦争以降、自爆行為をアラビア語では殉教死と報道されることが普通であった。しかし、自らをそのように見なすことは別としても、ジハードの宣告がないので法的には殉教は成立していなかった。ところが最近ではようやく平常心を取り戻し、アラビア語でも殉教（イスティシュハード）とはいわずに、自殺的（インティハーリー）爆破と表現される例が多くなってきている。

Ⅲ　イスラーム諸国の政治思想

次の論点は、イスラームの学問においてどのような政治思想が展開されてきたかということである。もちろんそれらはイスラームの原典に則りつつ行われたにしても、思索の賜物は人間の所為であり啓示内容とは峻別されなければならない。

それにしてもその賜物が十分満足できる結果をもたらすのであれば、それはそれで慶賀すべきなのであろう。ところが事態はそう容易ではなかった。イスラーム諸国を通じて多数の古典的思想や欧米の政治思想が往来したが、残念ながら満足いくものは、現時点では定着していないという状況が浮き彫りになる。

1　古典的思想

多くの蓄積を重ねてきたこの分野の思索ではあるが、以下に見るように明らかな欠陥が指摘される。それは、政治論として統治者論に終始していたのである。もちろんこの問題はイスラームの政治思想だけに見られる現象ではなく、中国などの政治思想においても同様の傾向が観取される。そこには、横の広がりを確保する役割を持つ制度的な議論が育まれていなかった。

イスラームの政治論の大きな流れとしては、アルファーラービー、アルマーワルディー、ニザーム・アルムルク、イブン・ハルドゥーンの四人を挙げることが多い。ただし、とくにアルファーラービーを見るためには彼以前からの底流として、ギリシアやヘレニズムの思想にも言及することとなる。彼には多数のギリシア語からの翻訳を通じた影響がもたらされていた。

プラトンは『国家―正義について』を著し、政治の展開を五段階に分けて論じた。初めに哲人王者による理想的政治、次いで名誉ある最適者による政治、次いで財力のある人による寡頭制、次いで民衆の民主主義、そしてそれは圧政の僭主制へと移行すると考える。ただし、それはまた時の流れとして循環し、哲人王による理想政治に戻るという展開である。これらの把握には、プラトン一流のイデアの世界が息づいていた。

プラトンの理念的な発想よりは現実派とされるアリストテレスはその『政治学』において、一人による王政はやがて独裁制となり、小数による貴族制は寡頭制となる、そして多数による民主主義は衆愚政治となる恐れがあるが、それでも独裁制よりは好ましいとした。哲学的には人を政治的動物と規定して、自足して共同の必要ないものは神で、共同できないものは野獣であるとした。

いずれにしても、このように一見迂遠と見られるギリシア哲学や、さらにはギリシアの一都市内の狭い均衡を破ってより広い国際舞台の混沌の中で育ったヘレニズム哲学も、洋の東西を問わず広範な影響を与えることとなった。例えばヨーロッパでいえば、ホッブズ（英、一五八八－一六七九年）は、人は本性として野蛮なものであるとして社会契約の概念に到達したのであった。そしてその底流には以上のギリシア、ヘレニズムの思想が流れ込こんでいたのであった。

以上に垣間見たギリシア思想は、イスラームの政治思想に影響を与えたのみならず、むしろその揺籃期に触媒として、あるいは主要な出発点として不可欠の要因となったのであった。

アブー・ナスル・アルファーラービー（九五〇年没）は、シリアのアレッポ在住のトルコ人であった。彼は、人は集団的存在であるとして、都市における指導者の役割と資格を論じた『有徳都市』、『都政論』などを著した。その資格とは、プラトン的な哲人王者とイスラーム的で預言者的なそれとの融合であった。そしてプラトンの最適者支配制、富者による寡頭制、民主制、僭主制などはすべて、哲人王制と比較すれば劣等な無知の時代（ジャーヒリーヤ）に属すると整理した。さらには右の四形態に加えて、悪徳国家（無知ゆえに幸福を得られない）、変態国家（異見により理想から乖離）、過失国家（うわべは理想的だが、堕落した信念を持つ）の三つの形態も追加した。

次いで、アリー・イブン・ムハンマド・アルマーワルディー（九七五－一〇五八年）である。彼はアッバース朝ハリーファの権威を主張し、他方で実際に行政を取り仕切る各地方の支配者であるアミールやスルターンとの間の権威の範囲を定めるために、理論的な基礎を築こうとした。そして『統治の諸規則』を著して、ハリーファ論を法学の一部として次のように論じた。ハリーファ職の必要性を論じ、その基礎を一種の社会契約に見出したが、その源泉は理性ではなくシャリーアにあるとして、ギリシア哲学派から離れはじめる傾向を示した。そしてハリーファの条件として七つ上げ（正義、知識、健全な肉体と精神、ジハードを命じる勇気と決断力、クライシュ族出身）、また選出方法も選挙かあるいは任命という従来の方法に関して詳細なケースに分けて議論を展開した。また、ハリーファの義務としての職務も七つあるとして提示した（信仰の擁護、誠実さ、ムスリムの身体・暮らしの保障、違法行為の処罰、防衛、官吏の任命、専心義務）。

次は、ニザーム・アルムルク・アットゥースィー（一〇一八／一九－九二年）である。ハリーファ権力の名目化が進んだセルジューク朝時代に活躍した。各地にニザーミーヤ学院を建設して、国家によるウラマー層の保護と統制の仕組みを確立した。

彼の政治指南書である『統治の書』は、五〇章の各冒頭にある論評に助言を含めて書かれたが、イスラーム以前からのペルシアの支配者に依拠した話も入っている。元首たる者の資格、条件、立ち居振舞いなどの勧告のほか、宮廷生活のあり方や支配のためのスパイ網の必要性も論じた。彼が政治活動の中で最も重視したのは、節度、中庸、正義といった道徳的な事柄であり、元首はその能力を与えられるべく、宗教のために最善を尽くすべきであると結んだ。

最後に、アブー・ザイド・イブン・ハルドゥーン（一三三二－一四〇六年）を見よう。彼は、因果律にもとづく国家権力というものを正面から認めることのできた稀な政治学者にして社会学者であるとされる。チュニスの生まれであるが、その著『歴史序説』は、砂漠の文明と都会の文明の交替で世の変遷を説明する視点とともに、あまりに有名である。

さらに統治目的からして、シャリーアにもとづくもの、理性にもとづくもの、哲学者のいう理想国家の三種類に分類した。いずれも人が社会に依拠することの必然であるが、それらの結集力は団結力（アサビーヤ）から発している。この団結力は時とともに浮沈があり、王朝は人と同じように自然な寿命を持っているとした。そしてこの団結力によって維持されている社会に広く承認されている抑制力がなければ、人間の内なる悪により不可避的に破滅に陥ってしまうであろう。こうして権力は国家の基盤であるとして明澄に認識され説明される。そこから彼の統治者論も展開されることとなる。

そして団結力の強化と維持に、宗教の働きを認めている。さらには、権力国家と預言者的国家の対比を想定して、両者の混合的構造としてイスラーム固有の国権（ムルク）があると説明した。彼の考察の偉大さは、権力の持つ経済、軍事、文化、宗教など、いくつかの要素の因果的な相互依存を明確に理解したという点にもあった。

このような独自の政治論であり社会論は、彼の同時代はもとより一七世紀までムスリムの間でも無視されてきた。さらにヨーロッパにおいて知られるには、一九世紀を待たねばならなかった。

以上簡略ながら、イスラームの中からの政治・国家論の四つの流れの主要点を見てきた。それらは互いに継承し影響しあいながら形成されてきたが、それだけに基本的にはすべて統治者論である。支配者のあり方だけではなく共同体のあり方にも重点を置いたとして知られるのは、タキー・アッディーン・アフマド・イブン・タイミーヤ（一二五八－一三二六年）であった。しかし彼が説いたのは、東からモンゴルの侵攻が盛んな時代に、それ以上の世の中の混乱を避けるための「反乱よりは服従を」という教えであり、彼の熱弁とともに民衆レベルに深く浸透した。

その間イスラーム圏では官民双方ともに、政治をめぐっては道徳論の色調を帯びること甚だしいものがあった。その桎梏を抜け出たのがイブン・ハルドゥーンであったが、それは久しく人目からは離れてお蔵入りを強いられた。こうして支配権力そのものの性格を把握してその根拠を論じ、そのための民衆側からの政治参画、あるいは少なくともかかわり方を正面から論じる思潮や発想は生まれてこなかった。また政治権力の源泉、構成、実施と必要なその更新、修正や再配分といった諸側面についての、いわゆる制度論も包括的な形では扱われずに終始した。

一六世紀に入ると、イスラームの中東地域はオスマーン・トルコ支配に入った。その時代は、西からの十字軍の攻撃も終了し、東からのモンゴルやトルコ族といった中央アジアからの浸透と侵攻も影を潜めた。東にはインドのムガール朝、イランにはサファヴィー朝が樹立され、オスマーン・トルコ帝国と合わせ、広くイスラームの世界は安泰の時代に入ったともいえる。他方でこのような天下泰平の時代であったからこそ、新しい国家論は生み出す必要もなければ、事実その実績は上がらなかったのであった。

2　欧米政治思想の流入

欧米の思想は、独立間もないイスラーム諸国における空白を埋めるものであった。しかし他方でそれらの持った意味は、どこまで行ってもやはり接木であり、船来品の範囲を超えるものではなかった。これは例えば日本とは異なる事態であり、その顚末を以下に少し詳しく見る。とくに昨今強調される「民主主義」は今後も当然重視せざるをえないので、次章で改めて見ることとする。

（1）　民族主義

第一次大戦で敗戦国となったオスマーン帝国は瓦解の一途を辿り、広大な旧帝国領内は一気に独立への動きを増した。それがアラブ民族主義の素地を提供したのであった。ただしそれも二〇世紀の後半になると、一九五八年設立のエジプト・シリア間のアラブ連合共和国が五年後に崩壊して以降は、アラブ民族主義としてはそれまでの勢いを大きく失速させることとなった。アラブ連盟（本部は在カイロ）は引き続き活発であるが、それはすでにパレスチナ問題をはじめとする政策協調機関となっており、かつてのようなアラブ統一を目指す勢いは見られない。独立と植民地主義との闘争に役目を果たしたこの思想は、一応過去の遺産と化しつつある。

（2）自由主義

自由主義は政治以外にも道徳・倫理や人生哲学、経済原理など広範な内容を含み、他方では厳密な定義が最も困難な政治思想であるともされている。イギリスのジョン・スチュアート・ミル（一八〇六－七三年）らがその典型として上げられるが、それは達成すべき政治課題というよりは優れて多様性重視の政治姿勢であり、その制度的な保障の要求を旨とする。そして自由主義そのものを政治課題とした政策が作成され、追求された事例はほとんど見られなかった。これは欧米であれ、中東であれ、まったく同じ状況である。ここでは、イスラーム諸国における立憲議会制導入を中心に見る。

「自由の値段を払う用意あり」
（稚拙な書体）

　オスマーン・トルコ改革の中軸は軍制改革、教育改革、殖産振興、そして実定法制定とその基本としての憲法制定であった。二〇世紀に入ると、中東全域で立憲議会制実現へのオンパレードの時代となった。イランにおいて立憲革命が一九〇五－〇六年に起こり、憲法が制定された。アラブ諸国においても、状況はほぼ同様であった。嚆矢《こうし》はエジプトであった。一九二二年、イギリスが一方的独立通告をした後、翌年には憲法が制定され議会も発足した。イラクにおいてはイギリスからの独立、そのための条約締結、そして憲法制定が絡む形で議論が進められた。一九二四年、憲法制定会議を経て憲法と議会が発足した。一九二九年、フランスが一方的にシリアに憲法を公布するに至り、シリア議会は同年の憲法によって開催され、大いに独立の声を高揚させる働きをした。

他のイスラーム地域でも押しなべて大同小異で、立憲議会制をめぐる動きがあった。それは概ね自由主義の流れで把握され、あるいはその発想で欧州側から押しつけられた面もあった。裏返していえば、まだ民主主義の主張は二〇世紀後半ほどには、前面に押し出されてはいなかった。

(3) 社会主義

今一つ、二〇世紀前半に押し寄せたのは社会主義思想であった。共産主義は神を否定するものとして、イスラームとは正面から対決することとなったが、社会主義は貧者への施しや慈悲の精神を尊ぶイスラームと馴染みやすい要素が少なくなかった。もちろん指導的な思想となったわけではないが、それは五〇年代以降、ナセル革命の重要な支柱の一つであるアラブ社会主義に転化して、国際社会をも揺るがせるものとなった。

また社会主義思想は、三〇年代末より四〇年代を通じてシリアとイラクを中心に強まったバアス（復活）思想にも流れ込んでいった。それはアラブ統一、植民地主義からの解放、社会主義を三本柱としていた。バアス思想がシリアのアサド政権、そしてイラクのサダム・フセイン政権へとつながったことは、多くの関係者のまだ記憶に新しいところであろう。当然、国際的な社会主義思想の退潮とともに、イスラーム諸国でも明白にそれは後退した。

Ⅳ　昨今の「民主主義」の唱導

「そもそも国政は、国民の厳粛な信託によるものであつて、その権威は国民に由来し、その権力は国民の代表者がこれを行使し、その福利は国民がこれを享受する。」これは他でもない、日本国憲法の前文である。その源泉は一八六三年、米国南北戦争後にリンカーン大統領が行ったゲティスバーグ演説にある。中東イスラーム圏においても、この言葉は直接の引用が見られるまでに知れわたることとなった。

しかし現実には、革命や反乱といった動揺が続くままに今日に至っているのである。「民主主義」をどう定義するにしても、民意を汲んだ施政が保障される横の連繫をつくらなければ政治の真の安定性は望みえない以上、表面的な制度論だけではなく、その実態の確保こそはイスラーム諸国にとって死活問題であるといわねばならない。そこでこの方向の議論の現状を、多少紙数を割いて見直すこととしたい。

1 経緯

第二次大戦までは何といっても、植民地主義国からの独立がイスラーム圏の最優先の課題であった。ただし独立が二〇年代に実現していたエジプトでは、民主主義をめぐって戦前より議論が交わされていた。その成果として文豪アッバース・マハムード・アルアッカード（一八八九－一九六四年）は『イスラームにおける民主主義』（一九五二年）を著して、イスラームにはそもそも選挙や議会、そして世論重視などの民主制の諸要素が含まれているという主張を行った。

民主主義の唱導が真に強くなったのは、一九九〇年代、共産圏の崩壊を迎えて以来、その後の国際社会における指導原理を模索した米国が、民主主義と自由市場経済を二本柱として推進することとなってからであった。もはやソ連邦に懸念する必要がなくなったのみならず、新たな一極支配の構造の中での責任感を伴っての民主主義コールとなった。その分だけ、当然のこととしていわばお眼鏡にかなわない、イラン、イラク、北朝鮮、次いでリビアなどは目ざわりな存在であり、「悪の枢軸」呼ばわりされることとなったのは、われわれの記憶に新しい。

折から米国では『文明の衝突』が出版され、ニューヨーク世界貿易ビル等に対する同時多発テロ事件は、イスラームこそ世界の平和と安定の主要敵であるかのような印象を焼きつけた。イスラーム諸国の大半は、押しつけられ強制された感覚を持ちつつも、自国の民主的レベルを調べなおし、外向けには何とか抗弁できる形は取れるようにしたいと考えはじめたのである。

2 「民主制」の内容とイスラームとの関係

二〇世紀前半、立憲議会制が試金石となった時代は遥か遠くに過ぎた感のある同世紀後半、民主制の要求はそれだけより質的に高度なものとなったといえる。形骸化していても、ただ憲法と議会があればそれで満足、という表面的なレベルを越えた段階だからである。そこでまた、一連の新たな議論が巻き起こらざるをえなかったのである。イスラームと民主制は、はたして共存して握手することができるのであろうか?

これについては、大別して三つの見方に分かれている。一つは、共存できないとする考え方である。イスラーム史の碩学バーナード・ルイス（英）はこの立場であり、その論拠は西欧で民主制に移行したのは、キリスト教の神を殺して主権を人間の側に認めたからだが、イスラームにはこの点乗り越えていない障害があるとする。二つ目の立場は、イスラームには協議制（シューラー）や総意（イジュマー）を求めるという制度が内包されており、民主制と適合するという見方である。先に触れた、アルアッカードもこれに入るし、欧米にも幾人もの政治学者（ジョン・エポジト〈米〉など）が支持している。第三には、両者は合致しないという以前に、そのような質問自体が不要であるとする立場であり、端的にはこれはイスラーム過激派や宗教そのものを認めないマルキストの考え方である。

以上の議論の背景には、もちろんイスラームという場合に何を指しているのかに関しての議論もあることに触れておこう。それは、信仰という意味におけるイスラームのほかにも、文明としてのイスラーム、帰属意識としてのイスラーム（社会慣行に従うという意味で、儀礼参加やヴェール着用など）、そしてイスラーム法というレベルでのイスラームなどに仕分けられるからだ。ただ多少単純化のために、ここでは信仰を前提とした宗教に源泉を持つイスラーム法ということに止めておきたい。

さらに別のポイントとしては、民主制を語るときに議会や憲法という形だけではないとすれば、何をもって民主主義と見なすのであろうか？　その指標であり、メルクマールとして、以下の三点が重要であろう。

第一に、自由で公正かつ定期的な選挙により、権力の座を競争するということである。それによる民意の表明が確保されるということでもある。選挙妨害、一人候補者、不定期で恣意的な実施などは戦前の日本でも経験した。また、ナチスのような九九％の支持などという策略として作られた数字は通用しなくするということである。

第二は、包括的な政治参加を認めるということである。特定団体や宗派などを排除したり制限したりしないで、国民たるもの平等にかつ自由に参加が認められることが確保されねばならない。この背景として、先進諸国の近時の民主制のあり方としては、とくに多数派よりは少数派の意見をよく聞くほうに重点が置かれる傾向が指摘される。

第三には、市民権が確保されていることである。それは基本的人権としてまとめられるが、集会結社の自由、思想表現の自由、報道の自由、私有財産の保護、法の前の平等など、それこそ日本国憲法に用語としてはほぼもれなく列挙されている。このような人権の確保はそれなりの制度的保障がなければならない。これが市民社会と総称されるものであり、かかる市民社会はいまだ十分には中東イスラーム諸国には達成されていないというのが常識的な観察である(3)。

以上の質的な三要素を思い浮かべると、中東イスラーム圏ではなかなかパスする国は見当たらないというのが率直なところであろう。やはり、立憲議会制だけを目指す時代よりは、関門は相当高くなったといえるのである。

3　世俗主義とイスラーム法

イスラーム圏の識者によく尋ねられることは、日本はどうして近代化を順調に進められたのか、そしてどうして民主制導入を達成できたのか、ということである。日本には戦前より、民本主義の流れもあり民主制は決して新しいものではなかった、と答えても残念ながらあまり説得力はないのである。イスラーム諸国では、それよりも古くから民主主義の思想は持ち込まれていたからだ。それよりも日本からすると、どうしてイスラーム諸国ではそれほど手間取っているのかと尋ねてみたい。

この議論の原点はおそらく前に見た、イスラームと民主主義は共存しないと主張した人の論拠である、主権のありかを突きつめて考える必要があろう。民主制は、文字どおり人民に主権があるとするのであって、それ以外の何物でもない。だからこそ選挙で権力者を決定するのであり、権力者は国民の信託によりその権限を施行するのである。しかしイスラームでは、主権はすべてアッラーに存すると考えるのであって、信者はアッラーの委託により地上の代理者としてその行動を取るという仕組みになっているのである。

これは決してただ説明上の机上の空論でないことは、日本の読者を前にして強調しすぎることはないだろう。つまりこの問題は、ムスリムにとって日常的に生起するすべての事象において、また一挙手一投足のすべての言動に関して、信者の心に直接訴えその思考や判断を左右する類の、強い心理的影響力のある話なのである。

主権を教会から奪って人民の側に移行させたのが西欧の経験であったとするならば、その人的主権の成立をここで「世俗主義」と呼ぶこととする。それは教会権力、すなわち聖職者権力に対抗する国王権力のことを指している。聖職者権力の源泉は神にあるのだから、それを神権とも呼べるだろう。神権から人権への転換、あるいは移行があるかないかが問題とされるのである。(4)

神権か人権かという選択の問題は、いずれを取っても結局、その決定した意思、言い換えれば政策をどう徹底して実施させるのか、という問題に帰着する点では同様である。それは法の決定と履行ということになる。この点は、イスラームの脈絡においては、イスラーム法の扱いをどうするのかという問題として登場するのである。

この論点をめぐっては、やはり種々の立場が表明されてきている。まず初めに取り上げるのは、冒頭の政治的不安定性の関連でも触れた見解である。

つまり、イスラームの教えとしてあるべき道則はシャリーアと呼ばれ、それは大半の規範を定めているとされてきた。オスマーン帝国ではそれが主要な法源を提供してきたし、その法曹であったウラマーたちは帝国の重要な支えであった。このシャリーアはいわば学説や判例集で構成されていた（これが狭義のイスラーム法と呼ばれる）ので、ウラマーたちの解釈と運用の余地が相当あり、したがって彼らの活躍の場を提供してきていた。

それを覆したのは、同帝国が一九世紀後半に進めたイスラーム法の実定法化の進展であった。これによりウラマーの出番は限られ、社会の実態に合ったイスラーム法運用が妨げられた。そして、それがイスラーム圏の混迷の原因でもあるので、今一度シャリーアとウラマーの復活を訴える考えもある。これはイスラーム過激派の言いそうなことであるが、二〇〇三年戦争後のイラクの法整備にもあたっている、米国の学究たちの最近の主張でもある。[5]

これに対して、世俗主義が民主主義の基本であり、個人に宗教選択の自由を確保し、国家は宗教に介入すべきではないとする立場も当然ある。国家は宗教から自由であるべきで、逆にイスラーム法を強制することも許すべきではない、ただし宗教は政党を組んで政治に入ることは自由である、と主張する。この間、国家そして社会として重要なことは、公論が自由に行える公共の場の確保、基本的人権の確立、そして個々人があるべき姿や考えを選択できる自由意志の尊重ということであるとする。これは米国で活躍するスーダン出身のイスラーム法学者、思想家らの主張である。(6)

なお世俗主義の議論をめぐっては、イスラーム過激派の論法はそれを拒否するあまり意図的に曲解して、世俗主義は無宗教、あるいは棄教であるとの論調が行われることがしばしばである。あるいはそれは、反イスラームである、背信行為であるとするのである。これは明らかに歪曲であり、極めて政治的な意図のもとの彼ら一流の宣伝行為であり、場合によっては不勉強にすぎない。エジプトなどにおける自由主義者たちが最も頭を悩ましている、イスラーム過激派による世論誘導策でもある。

4 シャリーア適用の妥当性

民主制を導入する際の大きな障害はシャリーアをどう扱うかという点に帰着することは右に見たとおりである。そこで現代国家、社会においてシャリーア適用の妥当性に関する一連の議論に入ることとなる。もちろん原点は、ムスリムである以上はクルアーンに従うし、それに源泉を見出すシャリーアを尊重しそれに服従することは、当然の話である。それを前提としつつ、では実際にそれが現代の世の中において可能なのかどうかが、疑問視され議論されているということである。

すでに長年にわたって実定法が優先されてきており、シャリーアの直接の適用はされていないだけに、その教授法、実施の方法論、法的諸慣行との制度的かつ実際的な関連性を失い、とても復活は望めないと悲観的なのは、ワーイル・ハッラークである。(7) 彼はイスラーム法の自由な解釈は歴史的に常に行われてきているのであって、決してその扉が閉じられたことはないとの実証的な主張も行っている。

シャリーアはすべてをカバーしているとはいえないので、その背後にはより一般的で高次な規範がなければならないとして、いわば自然法を提唱する人もいる。その要求は、シャリーアを適切に適用し運用するためのより広範な法的基礎を探求するという問題意識に発している。(8)

イスラーム法の全面的かつ直接的な適用を主張するのは、一般にイスラーム過激派に多いが、彼らの暴力的な手段は論外としても、その議論の姿勢にも疑問を投げかける見解が出されている。彼らは用語の定義もしなければ、十分な学習も経ていない、彼らのしていることは水掛け論であり口喧嘩にすぎない、として非難する声もある(9)。

イスラームの原理的な主張は、もしや実施されるとなると、実際のところは世俗主義者とほとんど変わりない政策を行う羽目になるだろう。なぜならば、彼らの要求するさまざまな宗教的機能は、結局、国の諸機関に分掌されるにすぎないからだ、と予測する向きもある(10)。

あるいは、彼らの活動は歴史的な一現象にすぎず、その運動が去った後に重要となるのは、具体的なプロジェクトとその条件であると指摘する人もいる。例えばとして、高速道路を建設するために礼拝所を破壊するかどうかという形で問いかけがなされるだろう、というのである(11)。

以上のように、いわば現代社会と国家において、シャリーアを実際に適用するには相当な留保が提出され、あるいはそのような全面適用の主張は一時的な社会現象にすぎないとする見解も聞かれるのである。原理的にシャリーア適用を主張する声にしてもその内容はさまざまであり、一般的にはすでに適用されている商法や民法関係は議論の対象とせずに、象徴的な事項、すなわち例えば鞭打ち刑などを含む刑法部分の完全実施を呼びかけるといった、偏頗な傾向が顕著となっているのである。

5 「ムスリム民主主義」とは何か?

右において見てきた世俗主義如何を問いつめるならば、二者択一であり右か左かの非常に鮮明な選択の問題にすぎないようにも思える。しかし現実には、そのいずれでもない「ムスリム民主主義」といわれるものが出現しつつあるので、ここではその状況を見るとともに、その可能性、条件などについても触れることとする。

そのような諸例として挙げられるのは、現代のトルコやマレーシアなどである。インドネシアも含む場合がある。さらには、民衆革命を経た後のアラブ諸国もこのパターンとなる可能性が大きいと見られる。そこではイスラームを国の宗教としつつ、選挙による政権交代を実現してきているので、注目されているのである。そして比較的国情は安定しており、穏健な施政が見られる[12]。

トルコでは自由主義経済推進の中、ブルジョワの成長が堅実で、他方、政教分離を唱えたケマル・アタチュルクの思想が軍部に強く継承されている状況にある。また都市経済の成長は農村部からの若手ムスリムの流入を呼び込んで、ここにイスラーム回帰現象が顕著になったということである。それは九〇年代半ばより選挙結果として現れ、イスラームを綱領に掲げる正義・発展党が勝利を収めることとなった。ここにトルコ流の政教分離体制が自然とできあがったともいえる。つまり政府が取るイスラーム傾斜の政策について、軍がその行き過ぎをチェックするという体制である。

マレーシアでも類似のパターンが見られる。そこではブルジョワの成長と選挙を通じての政党間の競争があるとともに、背景には管理役としての軍が存在しているという状況である。ただし、これぐらいの例で一般的な結論を引き出すことはできない。おそらくいえることは、これらと同様な諸力のバランスが達成できる場合には、同様な政治的効果をある程度期待できるのではないかということであろう。またいずれも、石油収入の膨大な資金の流入とそれのもたらす急激な均衡破壊は起こっていないということも重要な要因であろう。

以上のように、民主主義の主張自体が額面どおりイスラーム諸国で受け入れられるという結論は、いまだに得られていない。それは、多くの他の欧米流の政治思想と同様である。著名なエジプトの近代イスラーム思想家、ムハンマド・アブドゥフ（一八四九－一九〇五年）などが最も強調したのは、国民教育の重要性である。それは、政治的土壌のレベルアップの意義を認めてのことであった。それに間違いはないにしても、政治構造的に多大な影響を及ぼしたのは、既に見たように、近代化過程を通じてウラマーの存在感が薄くなり、その政治的な無力化がもたらされたということである。そうして民衆のはけ口がなくなり、民意を政治プロセスに乗せる役割を荷うべき代表的階層が消失したのであった。ムハンマド・アブドゥフ自身がそのウラマーの有力な一人であったことは、何とも歴史の皮肉のように映るのである。

6　自由化の光と陰

七〇年代を通じて世界を揺るがせた最大の出来事は、石油危機であったといって過言ではないであろう。その結果として中東で政治的に目立つ現象は、伝統社会に改革のメスを入れようとする自由化の勢いが退いたということであった。財政が豊かになった分、現政権、現体制などの現状維持がより容易となり、また国民の支持も得やすくなったのである。

八〇年代に入るともう一つの現象として、近代成長路線の一つの姿である「世俗化」の一時的進展と、その連鎖的反発としてのイスラーム過激派の台頭が顕著であった。ここで「世俗化」とは市場開放、親米政策、そして対イスラエルの柔軟策などを含み、前に言及した「世俗主義」とは概念上区別される。行き過ぎた「世俗化」として非難され葬られたのは、イランのシャーであり、エジプトのサダト大統領であった。その後もますます過激派の活動は世界の注目を集めることとなるが、それらの背後に巨大な石油資金が流れていることは、誰しも認めるところである。

この間、「賃料国家」と呼ばれる新たな国家類型が生まれてきた。それは民主化とは逆行するものであるが、この新たな動向に言及して本節を閉じることとする。

付加価値が源泉となって価格が決まり、その利益の蓄積が新たな資本となり、そのような膨張過程全体が資本主義経済である、といった概念とは全く異なるパターンが賃料経済である。それはすでに古典経済学者のアダム・スミス（一七二三―九〇年）が、不労所得としての不動産収入によって生計を立てる場合として提示していた。ところが今度は、そのパターンが産油国を中心に議論されることとなった。

一応の定義としては、国家歳入の五〇％以上が石油など非労働収入に依拠している場合とされる。言わずもがなであるが、クウェートでは八〇％、イランでは六〇％などとなっている。もちろん、石油の生産と販売は大変な労力を必要としているのではあるが、基本的な富は流れ出ていると観念するのである。そして、それで当面の検討には十分である。(13)

実は、これは民主主義との関連で、かなり本質的な関係を持つ問題を提起しているのである。というのも、代表なくして課税なし、という呼び声が民主主義発祥の原点であることを想起しない人はいないだろう。税を納めるのであれば、その徴税の根拠と歳出使途について口を出せるようにすべきだということに、民主主義の一つの大きな原動力があったのだ。ところが、賃料国家では概念整理としては、税金がないのだ。政府にすれば国民に対して、無税なのだから口出しするなということにもなるし、また国民にしても口出しをしないでも楽々と人生が過ごせるということでもある。

そこで一般に見られる傾向は、労働倫理の退廃、政治の保守化、人材育成の呼び声ばかりでその実績の乏しさ、そして将来不安などが顕著になるのである。しかもこれらの賃料国家が、中東域内でも当然一番比較優位を占め、例えばアラブ諸国同士でも湾岸諸国は久しぶりにエジプトなどに対して、頭が上がるようになりつつある。石油危機による歳入の急増が中東イスラーム諸国の自由化の進展を阻害してきたことは、すでに述べた。それは、豊かさのもたらす負の側面である。賃料国家はその最たるもので、国民の政治意識はもとより、人生観さえも揺り動かしはじめているということである。

このようないわば、現代版シンデレラ物語のようなケースについては、少なくとも当分の間、イスラームの教えが社会の箍《たが》をはめる役割を果たしてくれるのではないかと期待される。換言すれば、それ以外には機能しうる既存の規範は存在しないことは確かである。さらにいえば、本年初頭より連綿と続いた長期独裁者の追放を経たエジプトなどの諸国においてもなお、それが示す方向性は世俗化を是認するかたちでの民主主義の訴えそのものとは、似て非なるものであることも留意せねばならない。

V 最後に

二〇世紀を通じて、軍事を含めた行政権限の肥大化、都市化と農村の貧困化、そして行き所のなくなった都市難民や若い学生や卒業生があちらこちらたむろするという風景が中東アラブ諸国のいたるところに出現した。この状況が、若者を虜にした過激派を含むイスラーム原理主義の温床となった。エジプトに始まったムスリム同胞団は、そのような心の空虚さを埋めて誇りを取り戻したいとの願いに支えられ、当初は信仰強化と社会福祉に力を入れた。同様な状況が、イランではウラマーたちの政治発言を誘った。その結果、ウラマーによる統治論という、イスラーム史上前例を見ない理論構築を促したのであった。その結実としてのホメイニー革命であったことは、われわれの記憶に新しい。

こうして、イスラームと政治の実践とを直結する流れが生み出されたのであった。「イスラームこそは解決」とムスリム同胞団が訴える声は、物心ともに窮乏する人の心に浸透していった。単なる標語として見ている間はまだそれでもよかったが、言葉どおりに理解し行動に移そうとした段階からは、明らかに次の危うい世界へと足を踏み入れていたのであった。なぜならば、イスラームの教えそのもの、あるいはその政治思想のいずれをとっても、とても現実の煩瑣な世界を統べるだけの細かな規定を提供していないからである。簡単にいえば、理念と現実の間には距離があるともいえよう。

距離があるからこそ理想であるといえば、そのとおりだ。ただ当事者が、その距離の存在を認識している必要がある。イスラーム原理主義者たちは、それについて首を縦に振ることができないのである。もちろん理念を保持し、理想を追うことは人であれば誰しも許される自由であるし、それが生きがいでもあろう。しかし、多様な人間や社会のあることが大前提である。

クルアーンには「あなたがたには、あなたがたの宗教があり、わたしには、わたしの宗教がある。」(不信者たち章一〇九・六)とある。イスラームというかけがえのない無形の真実であり、豊かな泉を絶やさず健全に継承し発展させるという信者共通の目標のためには、悲壮感を漂わせる必要はない。神権を認めつつも、この世の人権は許されているからだ。

以上が今後とも長引くであろう、原理主義者たちの主張に対する姿勢の基本であり、反論の礎石である。他方、本論を通じて、今一つ枢要な課題も明白になった。それは人の横の関係を担保し、互恵と共生の社会システムとしてイスラームが本来持っている機能に、改めて熱い視線を向ける必要があるという点である。もともとイスラームは政治制度論については希薄であり、また指導者指南を越えるほどの政治思想を提供できないとしても、である。要するにイスラームは、政治制度論などよりは、人々の福利を中心として政治がもたらす現実的な成果に、より大きな関心の的を絞っているとも理解されるのである。

社会の横の紐帯を重視する視点は、当然ながら国権のみの伸張を招いてきた性急な近代化の時代を抜け出た新たな時代の要請ともいいうる。しかし、いまだそのような方向は軌道に乗ったとはいえず、確かな端緒につくのにもまだ時間がかかるかもしれない。

ただしチュニジア以降、相次ぐ無血革命の成功の謎を解く鍵は、そのような横の連繫の相当な成長にあると見ることができるかもしれない。二〇〇五年の「レバノン杉革命」（ハリーリー大統領暗殺後、シリア勢力をレバノンから追い出す運動）、二〇〇九年の「緑革命」（イランのアフマディネジャド大統領の不正選挙を指弾する運動）、そして本年二〇一一年、チュニジアの「ジャスミン革命」（ベン・アリ大統領の追放）とつながってきたことが想起される。また、エジプトのムバーラク大統領を退陣に追い込んだ今次「ナイル革命」においても、軍はデモを許容し流血を避けるよう指示された。他方デモ隊は、ムバーラクの追放を強く迫ることはしきりであっても、彼を血祭りにあげろという呼びかけをタハリール広場で行うことはなかったのであった。多くの場合、ツイッターやフェイスブックによるネット革命の現象が指摘され、市民活動の活発さが基軸となってきた。

中東・イスラーム政治社会における縦と横の均整の取れた関係というあり方は、はたして二一世紀において達成されるであろうか、目が離せない課題である。と同時に、日本からの公的私的な関与が、それを望むと望まざるとにかかわらず現実問題として迫られることとなるのが、二一世紀であろう。

「ムバーラクは出てゆけ」

注（1） 市民社会の概念は、社会の横の関係を形成する要素であり、民主主義の受け皿として欧米では重視されている。多少補足すると、それは国家権力、場合によっては教会権力に対抗しつつ、個々の市民を守る防護壁で整備された社会を指すというのが西欧における典型的な定義である。それは政治権力のみならず、場合によっては資本主義の熾烈さからの避難所としても機能しうる。社会の衝撃緩衝材、バッファーであり、市民生活の砦である。具体的には、それは学校、クラブ、組合など正式

に組織化されたものから、より非公式なサロン、カフェの集まりなども同種の存在と見なしうる。大学、協同組合、職業組合、社会福祉団体なども考えられる。キリスト教にならったムスリム青年連合YMMA、その他商工会議所、産業組合などもそれにあたる。Norton, August Richard, 'The Future of Civil Society in the Middle East,' *Middle East Journal*, vol. 47, no. 2,（1993）, pp. 205-216.

（2） Noah Feldman, *The Fall and the Rise of the Islamic State*, Princeton, Princeton University Press, 2008 参照。

（3） August R. Norton, 'The Future of Civil Society in the Middle East,' *Middle East Journal*, vol. 47, no. 2,（Spring, 1993）, pp. 205-216., Mustafa K. al-Sayyid, 'A Civil Society in Egypt ?,' *Middle East Journal*, vol. 47, no. 2,（Spring, 1993）, pp. 228-242.

（4） 主権のありかが神か人かを問う論点と同時並行的に大きいのは人的関係のあり方である。日本の戦後間もなくは、民主主義の呼びかけとともによく耳にしたのは、内と外の別などいわゆる封建体質からの脱皮であった。人間関係をめぐる心理構造という、同質の問題が中東アラブにもある。平等で平坦な人間関係の感覚があってこそ、ギブ・アンド・テイクの討議が成立する。この点、アラブでは圧倒的に自己主張が強く人に耳を貸すことの少ない習性が目立ち、人の関係は基本的にいつも上下関係で終始するからである。このような意味での「人間革命」こそは、民主革命の基盤であろうが、まだまだアラブ・ムスリム自身の議論であれ欧米の分析であれ、そのような論点を探求するまでには至っていないと見られる。

（5） 前出の Noah Feldman 著。

（6） Abudullahi A., An-Na'im, *Islam and the Secular State: Negotiating the Future of Shari'a*, Cambridge, MA and London, England, Harvard U.P., 2008.

（7） Wael Hallaq, 'Can Shari'a be Restored?,' in Haddad, Yvonne Yazbeck, and Barbara Freyer

Stowasser (eds.), *Islamic Law and the Challenge of Modernity*, Alta Mira Press, NY., London, Toronto, 2004, pp. 21-53.

(8) Muhammad Khalid Masud, 'Muslim Jurist's Quest for the Normative Basis of Shari'a,' *Inaugural Lecture*, ISIM, Leiden, 2001, pp. 1-19.

(9) Fawzi Najjar, 'The Debate on Islam and Secularism in Egypt,' *Arab Studies Quarterly*, vol. 18, no. 2, (Spring, 1996), pp. 1-16.

(10) Olivier Roy, *Secularism Confronts Islam*, tr. by George Holoch, Princeton, U.P., 2007.

(11) Asef Bayat, 'Islam and Democcracy; What's the real question ?,' *ISIM Paper*, Amsterdam U.P., Leiden, 2007, pp. 5-21.

(12) Nasr Vali, 'The Rise of 'Muslim Democracy',' *Journal of Democracy*, vol. 16, no. 2, April 2005, pp. 13-77.

(13) Rolf Schawarz, 'State Formation Processes in Rentier State; The Middle Eastern Case,' *Paper presented in the 5th Pan-European Conferene on International Relations*, The Hague, September 9-11, 2004.

参考文献

中東イスラーム社会を固有な性格を持つ政治共同体として把握し、その動向を歴史的背景と文化的脈絡の中で総合的動態的に理解しようとする視点は、日本ではあまり共有され定着しているとはいえないと見られる。ここに中東と日本との感覚的な距離感を見出すことにもなる。将来における日本の中東の諸課題とのいっそうの能動的取り組みが、右のような状況にも抜本的な変更をもたらすことになるかと思われる。

アントニウス、ジョージ『アラブの目覚め―アラブ民族運動物語』木村申二訳、第三書館、パレスチナ選書、一九九九年。

飯塚正人『現代イスラーム思想の源流』世界史リブレット69、山川出版社、二〇〇八年。

板垣雄三・飯塚正人「イスラーム国家論の展開」『国家と革命』シリーズ世界史への問い10、岩波書店、一九九一年、二五一―二七六ページ。

小杉泰『現代イスラーム世界論』名古屋大学出版会、二〇〇六年。

小松久男・小杉泰編『現代イスラーム思想と政治運動』イスラーム地域研究叢書2、東京大学出版会、二〇〇三年。

酒井啓子・臼杵陽編『イスラーム地域の国家とナショナリズム』イスラーム地域研究叢書5、東京大学出版会、二〇〇五年。

中村廣治郎『イスラームと近代』叢書現代の宗教13、岩波書店、一九九七年。

湯川武編『イスラーム国家の理念と現実』講座イスラーム世界5、栄光教育文化研究所、一九九五年。

水谷　周（みずたに　まこと）

一九四八年、京都生まれ。京都大学文学部卒業、カイロ大学、ロンドン大学を経て博士（中東史、米国ユタ大学、全米オナー・ソサエティー会員）。現在フリーな立場からイスラーム研究を進め、イスラームを日本になじみやすい形で紹介することを目指す。中東国際法事務所（ベイルート）上席顧問。日本ムスリム協会理事。著書多数。近著に『アラビア語の歴史』国書刊行会、二〇一〇年、『イスラーム信仰とアッラー』知泉書館、二〇一〇年、『アフマド・アミーン自伝（解説・訳注）』第三書館、一九九〇年、『日本の宗教—過去から未来へ』（アラビア語）ダール・アルクトブ・アルイルミーヤ社、ベイルート、二〇〇七年、などがある。

イスラーム法と国家の構築

シブリー・マッラート著／水谷周訳

〈訳者による本論の要点〉

Ⅰ　三つの主要危機

中東には三つの主要な危機が存在している。アフガニスタン、パキスタンなど報道をにぎわせる危機地帯、現在対外関心が強い局面にあるイランの危機、そしてイスラエルという非民主国の提起する中東の底流をなす危機、これらの三つである。

Ⅱ　国際的視野

イスラエルは国民の宗教による分断と法的な差別という非民主的なあり方の典型であり、ここに中東における法体系として、個人と国家に別々の論理が働くという主要課題が見出せる。

この二つの異なる方向性の別な現れとして、シーア派、スンナ派それぞれに国境を越えた影響力を目指し、またそれを発揮するという国際主義が顕著である。ただし、アルカーイダ・グループの指導者でサウジアラビアのビン・ラーデンにしても、ヨルダンにいたザルカーウィーにしても、国際的な要因ではなく、自国政府に主張を聞いてもらえなかった国内的怨嗟という、国内政府との関連を十分観察すべきである。
Ⅲ　国内的視野
イスラーム法は国家と個人を結ぶという視点より再び注目せざるをえない。その際視野を広くして、古代のハムラビ法にも連繋するような中東法の視野を設定することで、欧米の法体系だけに縛られず、中東法、さらにはインドや中国などアジアの法全体の強みも同時に取り入れるべきだろう。そうすることで、真に人類にとって新たな意義深い法の模索が可能になる。
Ⅳ　最後に
宗派別支配の伝統が今日も揺るぎない中東においては、どのような国家的な法的構築が根づくことになるのであろうか？　イラクではシーア・スンナ両派およびクルド人を包摂する、連邦制の導入が叫ばれはじめている。しかし、この難問を現実に解決するための道程は、はるかに二一世紀を越える可能性がある問題である。

目次

Ⅰ　背景――三つの主要な危機

ムスリムの数は、キリスト教徒に次いで多い。そしてイスラームは歴史を通じて、西洋の姿を鏡で映して見るような関係にあった。初めは地中海をめぐって、そして現在では、それが世界を舞台とすることとなった[1]。

フランスの歴史家ルシアン・フェーブルによると、イスラームはそれまで統一されていた地中海世界を分裂させることによって、ヨーロッパを創造した。彼の同僚であったマルク・ブロックの言葉である「ヨーロッパはローマ帝国が死んだ時に生まれた」というのを受けて、七世紀に始まった地中海のムスリムによる征服でその半分が取り戻せないかたちで「失われた」ことを忘れては、ヨーロッパの勃興は理解できないことをフェーブルは示した[2]。

八世紀のムスリムによる征服の成功がヨーロッパの南側の境界を定めた。それは従来存在していなかったもので、その後もスペイン、シシリー、そしてバルカン半島においても進められ、他方ではそれらを奪還するために逆攻勢がかけられた。それについては、幾世紀と続く十字軍の盛衰も相当物語るところである[3]。

このような背景から、二〇〇一年九月のニューヨークにおける人道上の犯罪、次いでロンドンやマドリッドでの爆破事件、さらに西側によるイラクとアフガニスタンの占領へと続いた。これらは「イスラームとヨーロッパ」、そして「イスラームと西洋」が二大主役となる、何十世紀にもわたる「長引く」敵対関係の最近の事例である[4]。

記述はより少なくなるが、ムスリムの征服した東側部分でも同様に、長年の紛争による不穏な情勢が見られる。インドにおける社会的政治的な分裂、タイ南部の反乱、最大のムスリム社会であるインドネシアを含むマレー・インドネシア列島の騒擾、中国のウイグル族の反乱などがある。それら主要アジア諸国の法的構築が、政治化したイスラームの挑戦に晒されているのである。確かに、一九七八－七九年にイランを襲ったほど劇的なものはない。また、それらの諸国では植民地主義が後退した後の体制のままを温存しているが、それでもイスラームの挑戦は構造的で長期的である。

アフリカでも同様である。スーダンからセネガルまで主としてムスリムとキリスト教徒の間の宗教戦争が勃発しそうである。[5] さらには、別の分裂する前線として、欧米の移民社会がある。[6] 時代の精神といったものが過去四〇年の間に成長し、かつての社会主義対資本主義、貧富の差、古典的な民族主義紛争に取って代わって、宗教的な対立が前面に出てきているのである。

それを故サミュエル・ハンチントンは、世界の「文明の衝突」という言葉で巧みに命名した。[7] ただ彼が言及した儒教やその他数件の宗教・文明ではなくして、実際は、懸念材料は常にイスラームに絞られてきた。中国、米国、ロシア、中東、中央アジア、インド、そしてアフリカと、どこでも衝突といえばイスラームが宗教や文明として槍玉に挙げられるのである。

ここでイスラームの衝撃と挑戦の分析のために、厖大な時間と地域の広がりを、優先順位をつけて整理せざるをえない。イスラームの東西にまたがる前線の間では、モロッコからインドネシアに至るまで、国家の法的構築の問題が挑戦を受けている。全体として三つの主要な危機が注目されている。半世紀に及ぶものや、三分の一世紀にわたるもの、それから最後には一世紀もかかっているものもある。

アフガニスタンのムジャーヒディーン

パキスタンのターリバーン

初めは、アフ・パックと略称されるもので、アフガニスタンとパキスタン、そして延長部分はインドとイランに関係している(8)。一九四七－四八年のインドからのパキスタンの乱暴な分割、一九七一年のパキスタンからのバングラデシュの分離、そしてアフガニスタンでは一九七八－七九年以来、占領と戦闘が絶えない(9)。さらには、中央アジア諸国、ロシアのコーカサスにおけるムスリム多数派の地域では、中断はあるが恒常的に影響を受けてきている(10)。

次いではイランである。一九七九年以来、政治的イスラームの改革は何といってもイラン共和国によって推進されてきた。その勢いは、自分の国を世界のムスリムの大義をになうと位置づけているイラン憲法に十分窺える。(11) 実際のところ事態はもう少し微妙であり、戦闘的なイスラームにも盛衰があり、攻撃的な時期と革命性を減退させた外交政策を取る時期とが交錯してきた。

七九年の革命から八九年のホメイニーの死に至るまで、イランはイラクとの八年間に及ぶ壮絶な戦闘で振り回されつづけたのであった。二〇〇五年までの次の一〇年間では、イランははるかに穏健な国際関係を志向するようになった。そしてハタミ大統領の下で、周囲からの横槍と国際的な孤立を回避した。二〇〇五年のアフマディネジャド大統領就任以降は再び戦闘的な対外攻勢に移った。不正な二〇〇九年の大統領選挙後は「緑革命」と呼ばれる反対運動が起こされるほどに、かなりの国内的抑圧も行われてきた。イランが地域的な指導権を求めはじめてからは、地中海に橋頭堡を探しはじめた。そして、その橋頭堡を自分と似た傾向のイスラーム主義者たちであふれるパレスチナのハマスとレバノンのヒズボラに見出した。そうすることによりイラン革命は

イラン大統領のレバノン訪問（2010年10月）

パレスチナのハマス

レバノンのヒズボラ

最も長期化している第三の危機と合流することになった。それが、イスラエル―パレスチナ紛争である。

　パレスチナのこの一〇〇年越しの紛争こそは、近代史で世界秩序に脅威を与える最も深い底流をなしている。植民地主義の遺産の中でも最悪の残滓である。シオニストの植民者たちは一九世紀末にヨーロッパ式の立憲制を採用、そして一九四八年にユダヤ人国家を建設した。当時、パレスチナの大半の住民はムスリムであった[12]。

　イスラエルを中心とする危機については、厖大な分量の記述が行われてきている。シオニストにすれば、二〇〇〇年の強いられた流浪の後に達成した帰還であるし、またアーリヤ（直訳は昇天だが、郷土への帰還の意味）における世界のユダヤ人の集結でもあった。しかし他方でパレスチナ人にしてみれば、それはナクバ（異邦人による強制的な大量避難民の発生という惨事）に他ならなかった。これら記述の合流を図るべくもなく、パレスチナ問題は一〇〇年の内乱とするものから、ユダヤ人による新たな西洋の十字軍の継続でしかないというものまであった。本論ではこの危機は、ユダヤ人とムスリムが互いに争うという、宗派的な論理の脈絡に位置づけることになる。この領土を両者は権利として、互いに主張しているのである。

イスラエル兵

パレスチナ紛争を持ち出すのは、本論にとってはあまりに手を広げすぎると見えるかもしれない。しかし、そうではないのだ。中東の底流として、文字どおり、あるいは比喩的にも、イスラエルの問題がある。なぜならば、インドやパキスタンに至るまで、この地域の法的構築を動揺させる法的正統性の問題を考えるに、すべての論議に妥当し通底している問題が、イスラエル国家の性格だからである。

世界の法律家を惑わせる誤解がはびこっている。それは西洋とイスラームとの対決という何百年越しの議論の主要な側面は、他ならないイスラエル国家の性格に関係するのである。誰もが認める基準によって、イスラエルは民主国家に値しないという事実を踏まえないと、現実にそぐわない解決策しか持ち出せなくなる。それは具体的に人種迫害と法的差別の歴史を語るといった視点ではなく、民主主義でないと見られるイスラエルに関する議論の中心課題は、建国から六〇年もするのにまだ性格が変わらないで持続している構造的な問題であり、その執拗な行動パターンにあるのだ(13)。

自称「ユダヤ人のための民主国家」イスラエルは、ユダヤ人には民主的である。しかし、一九六七年以前のイスラエルでは、その四分の一の国民はユダヤ人ではなかった。また、歴史的にパレスチナとされてきた地域においては、約半分の人口はユダヤ人ではなくなった。その間にムスリムの出生率がユダヤ人の移民と新たに誕生したイスラエルのユダヤ人の数を上回ったからである。憲法上、国民は平等であるからこの人口比は問題ではないはずだが、ユダヤ人指導者たちはユダヤ人らしさを、建国するに必要なアイデンティティ形成のため、重要な排他的要因として重視してきたのであった。

この政策によって、パレスチナ人を一民族として認めない方向で貫いてきた。この政策は

「土地のない人のために人のいない土地を」[14]求めるという初期段階から始まった。次いでその後六〇年代になり、PLOによって政治的に組織されたパレスチナ人難民に対する反応、つまり「パレスチナ人は存在しない」という主張が出された。[15]また二〇〇五年、ガザ地域に関する発言、「我々にはパートナーはいない」ということが言われた。[16]そして最後に二〇一〇年、非ユダヤ人にユダヤ国家への忠誠宣言を強要する政策まで、一貫して変わらないのである。

法的に疎外され差別されていることは明白である。換言すると、イスラエル国内のパレスチナ人たちは、イスラエルの法律的な制度と政治的な扱い方によって、その生活や生命が左右されているのである。[17]

以上をここでまとめておきたい。地球的規模の危機として三つの中心がある。第一は、アフ・パックといわれる、パキスタン、アフガニスタン、インド、それから中央アジア、そしてその関連のイラン部分である。第二は、イラン革命（その余波は、アフ・パックとサウジアラビア、湾岸諸国、さらにシーア派の半月形を形成するイラク、少数のシーア分派であるアラウィー派支配下のシリアやレバノンに及ぶ）。第三の危機が、イスラエルである。その危機の影響は、質的には中東を越えるものがある。そこでイスラームが、宗教・文明として、代替すべき法的構築物として登場することとなるのである。

これら三つの主要な危機の狭間において、世界の法的構築物に生じた亀裂を観察するには二つの方途がある。一つは国際的であり、見る人の置かれた立場によるが、それはイスラームの世界的な支配への呼びかけであるかもしれないし、またそれは自己防衛かもしれない。二つは国内的であり、民族国家の中で法的秩序に挑戦するというものである。それはマックス・ウエーバーが、領土内において国家が排他的に行使する権力、とまとめたものにあたり、またそれはヨーロッパの国家体系を形成させたとされる、ウエストファリア条約的な特徴（訳者注：外国の干渉がない状態）を想定しているともいえよう。[18] ただし、国際的な視野と国内的な視野はともに、現代の立憲主義からして、互いにうまく連繫づけられることは、最後にはっきりするであろう。

Ⅱ　国際的視野

1　イスラーム法・中東法に関する個人レベルの論理

古典的なイスラーム法では、社会や宗教が危機に直面した時の集団的な行動に関して、どう国家を構築するかということよりは、はるかに戦争の仕方について定めるところが多かった。一人の証人として挙げられるのは、エジプトのムスリム同胞団の中道派である、アフマド・イーサー・アーシュールである。彼はジハードを「イスラームの勝利と国家防衛のための不信者に対する戦い」であると言った[19]。一九七二年頃出された評判の良いイスラーム法入門書において彼は、古典的なジハード論を繰り返している。つまり、領土を守るための正義の戦いはすべてのムスリムの必須の義務であり、それは男性ムスリムの少なくとも年一回は求められる個人的な義務である、とした[20]。

戦争の問題は矛盾をはらんでいる。一方でイスラームは個人的な法律であるとして知られる。つまりムスリム個々人はどこにいたとしても、イスラーム法にしばられている。しかしながら、イスラームは地球全体をカバーしておらず、古典的な見方でも世界を戦闘地域（ダールル・ハルブ）と平和地域（ダールル・イスラーム、ダール・アッサラーム）に二分する。したがって個人的なレベルの法支配はいつも確保されているというわけにはいかず、宗教的な共同体をめぐって一連の諸法が発達することとなった。

同様に外国にいるムスリムのための法律や、イスラームの国にいる非ムスリムのための法律も制定された。後者のほうが執行しやすいのは当然だが、そのために宗派別の組織が完備された。キリスト教徒、ユダヤ教徒などの少数派は、イスラームの支配下でも生活できる。しかし、ムスリム住民との平等は埒外であった。差別的な慣習が見られるようになり、彼らはジズヤと呼ばれる人頭税の支払いによって、平和時における彼らの役割は確保され規定された。ゲニーザ文書を厳正に調査したサミュエル・ゴイタンは、税は柔軟であったとする従前の誤解を完全に払拭した[21]。

他方でイスラームが支配していない土地の場合は、法律家の言うところは少なかった。ムスリムはこの「妥協の土地（ダール・アッスルフ）[22]」においては、できる限り彼らの通常の義務を履行すべしとされた。「妥協」はイスラームに敵対行為を取らないかぎり必要となり、法律家は何らかの相互方式をそれらの敵国においては考案することとなった。

長く複雑な歴史が刻まれてきた。キャピチュレイション（訳者注：本来はイスラーム諸国における非ムスリムの諸権利に見合ったものを非ムスリム諸国においてムスリムのために擁護しようとした協約）は領土外における制度として長年月をかけて確立されたが、一方向にしか機能しなかった。つまり、イスラームの国における西洋人の諸権利の保護である。こうしてキャピチュレイションは、個人的論理対領土の論理という視点についての明確な事例となる。

しかしその実態を詳細に調べると、主として宗教のレンズを通して見た場合のこの個人的と領土的な国際関係の局面は、非常に複雑で把握しにくい論理であることがわかる。宗教は本来、政治的な識別の印としては、一つの地域や国に限定されてはいないはずだ。ただし現代においては、それは主として中東における問題となっている(23)。

個人を宗教で定義するこの特性は、宗派、信条、あるいは共同体などの言葉でも知られるが、中東では古来のものである。その制度は国際的であり、国内的にも機能する。国内面は国家の構築という点ではより困難な問題を含むが、後で取り上げる。国際面は捉えにくいが、しかし前世紀末以来、地球規模で増大した一部のイスラーム活動家の暴力的な活動のために、その重要性が増している。

いくつかの国にまたがる共同体は、国家構築の課題にとって新たな事態ではない。例えば、二〇世紀前半のドイツにおける「中央ヨーロッパ」という意識と行動は、第二次大戦へと導く不安定性の主要要因であった。またフランスとスペインにまたがるバスク地方の問題は長引いているし、同様に、アイルランドのプロテスタントとカトリックの対立もある。中東においては、五カ国にまたがるかたちとなったクルド人の扱いをめぐる不正は、共同体と国家樹立の連動していない最も複雑なケースとなった。

クルド人兵士

　イスラームの世界においては、宗派間の論理も複雑である。スンナ派とシーア派の分裂は以上に見たような境界線がらみの不安定感を伴うが、しかし法的構築に貢献しうる面もある。シーア派とスンナ派両者の人口比率は、一〇－一五％に対して八〇％となっている。そしてこの分裂こそは、とくに一九七九年のイラン革命を経て宗教的派閥間抗争としては、イスラームの世界を深くえぐる最重要なものになっている。

　イスラームの歴史上は、スンナ派が正統派で、シーア派はそれから分離した一派である。ちょうどキリスト教の歴史だと、カトリックとプロテスタントの関係である。シーア派では預言者の甥であり義理の息子になるアリーとその子孫、そして預言者の娘でアリーの妻であるファーティマに（訳者注：秘儀を伝えられたとして）特別の身分を与えている。さらにはさまざまな地方において小分裂が生じて、シーア派の小派閥が生まれた。

　民俗・人種のグループと異なり、スンナ派とシーア派の民族国家に対する反応は、二つの意味で特徴的であった。一つには、全体的にはその分裂に従った国境線を引こうとの試みは見られなかった。両派とも国をそのような国境線で分けてしまおうとはしなかったのである。ただしこのことは、国内において民族の消滅を図ろうとしなかったというのではなく、事実一七世紀末に樹立されたサファヴィー朝イランではシーア派の独占する国家として運営された[24]。そこでは、民族クレンジング（浄化）は現実問題として事実上の事柄であったが、法的な問題ではなかったということである。

スンナ派よりはシーア派のほうが明瞭であるが、法的構築との関連でいえば、さらに別の法的現象が引き起こされた。それは民族を超えた法的制度樹立の問題である。それはスンナ派とシーア派の分裂における、第二の側面でもある。両派における、国際主義の動向について次に見てみることとしたい。

2　シーア派の国際主義

民族国家を超えたシーア派の勢力伸張を、著者は「シーア派国際主義」と名づけた[25]。イランのクム市に時々は挑戦されるが、恒常的なシーア派国際主義の中心はイラクのナジャフ市である。そこにはシーア派最古の学府がある。そこの教育上の意義が大きく、それはまた民族を超えて機能する法的な構造にも関係している。

シーア派国際主義には、その背景として複雑な歴史的発展がある。近代の初め、シーア派では二つの学派が争っていた。一つは文献重視のアフバーリー学派で、もう一つは解釈重視のウスーリー学派であった。一八世紀の末、ウスーリー学派の優勢が決定的となり、法学者は解釈にあたるため人と神との介在をする役割を担うこととなった。そこでシーア派では、人は二つの種類に分けられることとなった。普通の人と、学者であるウラマーの二種類である。普通の人は伝統に従うムカッリッドと称され、ウラマーたちは奮闘するムジュタヒドであるとされた。

この二種類への整理は、近代世界において重要な意味を持つこととなった。個々人は学者を選んでそれに従うのだが、それは流動的であった。だから、特定の学者を支持はするが、その支持の関係は文書化されず、また強制もされなかった。そこで自由に学者を選択し、その学者を見習う仕方や頻度は個々人に任せられた。重視されたのは、学者に対する個人的な質問であり、個人的な師事である。儀礼に関する質問が多く出され、旅行中の断食の方法や礼拝前の洗浄を水が少ない時にはどうするのか、といった類であった。

同様に重要なのは、学者へ直接に、あるいは機関に対して間接的に、学者の望むかたちで慈善寄付が行われてきた、信者からの資金的支援である。それは学者が代行する真正な継承者である「イマームの取り分」と称される義務的な税金（サフム・アルイマーム）への追加であるか、あるいはそれを含むものと見なされた(26)。家柄や世界の支持者たちの力により、学者の中でも高位に立つ者たちは、難解な法理論の作業に忙殺されるのが通常である(27)。そして彼らは法的決定や選択について、国家に税金を取り立てさせる手段は持ち合わせていない。

この制度に一つの重要な特徴があるとすれば、それは現在もそうだが、すべては自発的なボランティア活動であるということだ。これは国家の枠外にあらゆる有意義な社会関係を創設する市民社会に特有なものである(28)。それから来る結果の一つは、強制的な暴力は見られずに、シーア派共同体における民主的参加を可能にしているということである。

同様に、その国際面での特徴も見逃せない。レバノン、パキスタン、あるいはインド、いずれの出身であっても、シーア派信者は国境を知らない私法を基礎とする共同体の構成員であるということだ。そしてクム出身、あるいはナジャフ出身の学者に従いつづけるのである。自分の土地に縛られずに、自由にシーア派男女は自分の好みの学者を選んで、師事し従うのである。

多数のレバノンやイランのシーア派信者はナジャフの最高の学者である、サイイド・アリー・アッシスターニー師に従っている。通信手段は容易となり、宗教的情熱の高まりもあり、シーア派の国際的現象は現代世界の重要な流れとなっている。

しかし、矛盾も生じている。最も顕著なことは、民族国家とシーア派国際主義の間のものである。イラクのナジャフとイランのクムの学者が中心とはいっても、国境を越えた仕方で最重要な学者が選ばれるのである。両都市で説教した特定の大学の範囲での評判によって、一番高名な学者が選抜されるのだ。さらに複雑となったのは、一九七八－七九年のイラン革命によって学者が政治に直接参画することとなったこと、並びにイラン憲法では彼らを「指導者」と認めたことである。(29)

二〇〇三年以来、二人の学者が現れた。一人はイランで、八九年の憲法改正以降は一人の学者が、議会（訳者注：普通には専門家会議と呼ばれている）(30)によって選ばれる。それが一九八〇－八九年はホメイニーであり、それ以来はアリー・ハーメネイである。

もう一人はイラクで、単独政党による独裁政治の終焉を見たときであった。イラクでは、ナジャフの地位は何ら憲法上のものではない。多少の例外としては、国家権力が宗教施設の自治を侵害すべきでない、といった議論があるだけである。(31)最高位の学者は伝統的な呼称である「マルジャイ」という肩書を手放さない。現在ナジャフには、このマルジャイが一人ではなく、四人並存している。同僚の中の第一人者といわれるアリー・アッシスターニーの他に、ムハンマド・サイード・アルハキーム、バシール・アンナジャフィー、そしてアフガニスタン生まれのイスハーク・アルファイヤードである。

シーア派の学者たちは、さまざまなチャンネルで影響を及ぼしている。目立たないものでは、有名な学者や商人、土地所有者の間での結婚がある。(32)また代理人（ワキール）を使って、自らの言葉を代弁させている。一九九〇年代以来、マルジャイは超国家的に活動し、例えばホーイ財団は九二年にホーイ師が亡くなってからも教育活動をロンドンやニューヨークなどで、遠距離かつ広範囲に展開している。イラン革命以来のイスラームの政治化とともに、イラン政府の外交政策とも連動するようになった。ただし、サダム・フセイン政権崩壊後におけるイラクではそれほどでもない。それはかつてのスンナ派政権を（訳者注：米軍他の力で）倒した特殊な状況による、といえよう。

シーア派の国際主義は法律的には特有なものであるといえよう。超国家的なチャンネルは何らの文書による合意はないし、それをめぐる国際法もない。例えば人権運動のように国際的な動きを示す市民社会の場合とは異なって、シーア派国際主義は、法律的には国内面だけに反映されている。それも現在までのところ、イランだけである。そのような動向で最たる事例は、ホメイニーがナジャフに長年避難していた間にまとめた「イスラームの統治」、あるいは「法学者の統治」という論考であろう。(33)いずれにしても、シーア派が相当な規模に上る各国におけるシーア派の動きは、その国際主義的な現実を度外視しては全く理解できないものである。[34]

3　スンナ派の国際主義

スンナ派の国際主義は事情を異にしている。シーア派との差は構造的なものであり、いくつかの特徴が挙げられる。スンナ派は多くのイスラーム諸国において多数派を占めるため、その国際的側面でも自然とシーア派とは違いが出てくる。それらの国々では、国民は国政とともにあるのであり、政策執行は国内にとどまることとなる。もしスンナ派の対外進出的な動きがあるとすれば、例えばエジプトやサウジアラビアなどと関係して、大国、あるいは富裕国としての動きということになる。

この二カ国の学者たちは政府と極めて親密な関係にあり、政権と対立して動くことは極めて限られており、いつも政府の支援や寛容さを後ろ盾にしている。二〇〇一年九月一一日、主として国籍としてはサウジ人によって国際テロが敢行されたが、それは何ほども学者たちの支持するものではなかった。確かにこの事件は、カーイダ・グループをいわばスンナ派国際主義の前線に押し出したが、その内実はシーア派国際主義の学者を中心とした緻密な構造とは全く異なるものであった。[35]

スンナ派国際主義は、当初には種々の形態をとった。ただし、いずれも特段暴力的、あるいは軍事的ではなかった。各地で地域機構ができたように、ムスリム諸国もイスラーム諸国会議機構（ＯＩＣ）を結成した。一九六九年にモロッコで作られて以来、二〇一〇年にはメンバー国数を五七に伸ばしている。ただし、具体的な成果はさほど上がっておらず、例えばアラブ連盟と比較しても効果的とはいえないが、影響力はなくても主として話し合いの場は提供している[36]。

もっと効果の上がったのは、例えばムスリム同胞団やパキスタンの同様の組織、とくにジャマーアーティ・イスラーミーである[37]。全体的にはこれらの運動は国際面では非暴力的であり、例えば神秘主義の諸団体のようにメンバー数は多くても、政治的には大人しいところは性格を同じくしている[38]。ただし神秘主義とは異なり、ムスリム同胞団は共通の政治思想を持って、政府樹立や大衆動員において国家の枠を越えたネットワークを作り出すような指導者層を送り出してきた。パキスタンのアルマウドゥーディー、エジプトのハサン・アルバンナーやサイイド・クトゥブ、そして後のユーセフ・アルカラダーウィーなどは、多数の支持を集めて常に耳にする名前となり、また時には政府部内でも成功を収めてきた[39]。

カーイダによって暴力が取り入れられるまでは、スンナ派の国際主義が国内の脅威とならなかったのは、スンナ派学者と各国政府とが近い関係を保ち、実際、学者に官僚としての給与を支払い、その組織を維持させたという事情があった。ラバト、チュニス、カイロ、ダマスカス、リヤード、イスラマバード、ジャカルタ、その他の首都において、スンナ派の学者は長い間、支配層のエリートに体制内的に埋没していた。これらの諸国における武力闘争は、一般的には社会の下層で落ちこぼれた階層の不満の表明であった。それらのために言動をともにした学者たちは、イスラームの法的制度上、下級に属するものであった。

国際主義が躍進するようになってからも、支配する政権の枠外で活動する者は（訳者注：数も規模も）極めて限られていた。サウジアラビアもそのとおりである。石油資金がワッハービズムのために流れ込んだ。ワッハービズムは一八世紀以来の小さな分派が成長したものであるが、一九五〇年代以来の厖大な石油収入を考えなければ、ほとんど力を発揮することもなかったであろう。これらのネットワークは時として、各地の政権に対する挑戦ともなるが、全般的には保守的な政権は火種となるようなムスリム団体の支援は避けてきた。そうすることでブーメラン効果として、自らの墓穴を掘ることを回避したのであった。

このようなブーメラン効果の例が、ヨルダン生まれのアブー・ムーサー・アッザルカーウィー（訳者注：以下慣用によりザルカーウィー）である。これはスンナ派国際主義が暴力的となる場合の深刻な例であり、また法的政治的思想を明らかにしてその戦略を支える場合の事例でもある。

ザルカーウィー現象は二つの意味で、スンナ派国際主義を明らかにしている。一つはカーイダ一味の正体不明な部分が多い中、ザルカーウィーが相当程度それを代表して、成り行きを明らかにしているということである。二つには、ザルカーウィーからビン・ラーデンに宛てたメッセージで表明された内容の現実的な裏づけである。(40) これらの二つの点に関して、以下に少々敷衍する。

二〇〇六年六月七日、バグダッドで殺害されるまでのザルカーウィーは、アンマンで長年月にわたり投獄されていた。彼はイラクでも軍事的なスンナ派国際主義の最右翼であった。また彼は無情な暴力の代表であり、暴力的手段が既に相当なレベルに達していたイラクにおいて、さらにひどい内戦と人種クレンジングを実行していた。アブー・グレイブ刑務所などでの米軍による迫害によりアメリカの占領が暴力的であると判明し、ザルカーウィーはこのあり方に対する批判を強めていった。イランとイラクの北部国境地帯に潜んでいたスンナ派の活動家たちが、ほとんど知られないままに進められた米軍による激しい爆撃によって粉砕されたことを考えても、彼らによるかなりの反抗があるだろうということは予想できたのであった。

こうしてザルカーウィー一派の間では、反アメリカ主義思想は既に確立されたものがあり、彼個人に関しては米国の同盟国であるヨルダンで長期間投獄されていたということが、この反米感情に火をつけていた。こうしてあらゆる西洋の言動を十字軍の延長と見る深い敵愾心と、国内政権に対する憎悪と暴力という二つの要因が、ザルカーウィーという個人の中において、中東をはじめとする既存の秩序に対する挑戦心の火付け役となったのであった。

次に第二の点についてだが、ザルカーウィーらの用いる国際主義を正当化する法的な理論は、最も不可解なものである。二〇〇三年までに彼はビン・ラーデンと近しい関係を樹立しており、イラクにおける公然の指導者となった。ちなみにイラクのことを、アラビア語では「二つの川の国」とも称する（訳者注：ビン・ラーデンとザルカーウィーという二人の指導者を想起させる）。二〇〇四年一月、ビン・ラーデンの下に送られたメッセンジャーは、イラクで捕らわれの身となった。彼が持っていた長い文章は、世界のスンナ派国際主義者の教科書として読まれるものとなった。それは強い反シーア派の内容で、極端な人種クレンジング政策を呼びかけていた。またそれは完全な「イスラーム法による支配」以外のいかなるイスラーム国家の樹立にも、絶対に反対する旨を表明していた。

アフガニスタンあるいは重要なスンナ派国際主義である同国におけるアラブのムジャーヒデ

イーンたちの間でも、米国・サウジアラビア共同による反ソ連軍事政策の主要な執行者は、ほかならぬビン・ラーデンであったということを忘れる者はいないだろう。一九九〇年代の半ば、彼の価値が見限られて米・サウジ連合からの連絡は中断されてしまった。その結果、米国とサウジアラビアに対して敵意を持った、見放されてしまった指導者が出現したということである。ビン・ラーデンの主な伝記を見ても、この落差が対比され、落胆ぶりが随所に噴出している。(41)

そこで設問すべきなのは次の事柄である。ビン・ラーデンであれ、ザルカーウィーであれ、それぞれにおいてサウジアラビアあるいはヨルダンがもっと民主的な政府を有し、彼らの政治的な発言を認めることができたならば、あのような行動に出たであろうか、ということである。

以上の次第を踏まえれば、スンナ派国際主義の研究は次のような視点から進める必要がある。つまり国際化する国内的な活動家たちの目線から見た、彼らの支配者であり正統性を持つ国内政権担当者との関係という視点である。シーア派国際主義についても同様である。一九七〇年のホメイニーの当初の著作には、国際主義の兆候は見られなかった。後になってからイスラーム共和国の実現要求が繰り返されるが、シーア派が多数いるイラクとレバノンにおいて政権を奪取する試みは、シーア派国際主義そのものを前提とはしていなかったのである。国内と国際の両側面の弁証法は複雑であるが、現状では国内事情が主要な要因となっているといえよう。

Ⅲ　国内的視野

1　国家の法的構築と象徴

国内的には、国家の法的な構築に対する挑戦のパターンと、それとの相互作用は、国際面よりは明瞭なものがある。この状況にアプローチするためには、以下に述べるように、法体系をピラミッド状に捉える（訳者注：ドイツ近代法学者で著名な）ハンス・ケルゼンの方式を多少修正した発想がよいと思われる。

ピラミッドの頂点には国の名前がある。次いで国旗があり、そしてイスラームやイスラーム法に明示的に言及する憲法がある。国名の付け方には、インドネシア共和国やカタル国、あるいはモロッコ王国など種々ある。大半のイスラーム諸国は、イスラームに言及しない国名を持っている。ヨルダンとサウジアラビアの場合は、支配する氏族の名称を掲げている。パキスタン、イラン、モーリタニア、そしてアフガニスタンだけが公式に、「イスラーム共和国」を謳っている。現代ではイスラームの色彩と考えられている緑色は、多くの国の国旗に使用されている。例えば、サウジアラビアとイラクがそうだが、それらの国旗ではさらに、「アッラー以外に神はなし、ムハンマドはその預言者なり」、あるいは「アッラーは偉大なり」という標語を掲げている。イランの場合は、アッラーというアラビア語を手の込んだ書道体で表記した。

これらの象徴や国名がいかに社会的に強力であっても、法的にはそれらの意味を解釈し直す必要がある。ターリバーン支配下のアフガニスタンやサウード家の支配するサウジアラビアでは、外国人は非ムスリムと同一視され、同様にシーア派は歓迎されていない。

こうして宗教にもとづく論理は、直ちに一つの宗派的な論理に変質させられる。そこでは他宗派の人たちは、排斥されるのが普通である。多数の中東諸国ではそれはキリスト教徒とユダヤ教徒であり、イスラエルではキリスト教徒とムスリムである。さらには、サダム・フセイン時代のイラクではシーア派であり、アラウィー派（訳者注：シーア派の小さな一派でフランスの統治下で重用された）の支配するシリアではスンナ派がそれにあたる。宗派的論理は、時に過激である。アフガニスタンにおける仏像破壊や、サウジアラビアにおけるハンバリー派以外の残滓の破壊がそれである。さらには、建国以来六〇年にわたってパレスチナで展開してきた、イスラエルによる非ユダヤ・アラブ人の村と果樹園の粉砕行為がそれである。

2　憲法裁判所におけるイスラーム

状況はそれほど過激ではなく、宗教色を導入するにあたって迂遠で巧みで、より排他的でないかたちを取ることもできる。イスラームとかユダヤ教を憲法の文面で強調することについては、エジプトの一九七〇年憲法の改正条項という、現在では有名になった例を見てみよう。

当時のサダト大統領はナセル派であった左翼世俗主義者からの挑戦に対抗する必要上、ムスリム活動家たちを慰撫する方策を取った。その一環として、次のような憲法第二条の修正を行ったのだ。「立法の主要な源泉はイスラーム法である。」そこは以前には「一つの源泉」となっていたが、今度は「主要な源泉」として定冠詞付でイスラーム法に限定されるかたちとなった。当時、立法の合憲性を審判するエジプト憲法最高裁判所が発足したこととタイミングが合っていた。憲法裁判所は法律の合憲性を審判する傍ら、同時にイスラーム法との適合性も審判することとなった。その巧妙さと大変な作業量は、ただごとではなかった。

こうしてパキスタンでその財政関連諸法を扱ったときと同様に、エジプトでも既存のシステムを阻害しないようにしつつ、イスラーム法の優位性を確保した(42)。イスラーム法は利子を認めていないということと法案が抵触するような場合に、エジプト民法に従って融資をした人たちに被害が及ばないように、同憲法裁判所では、第二条は二〇世紀に成立したエジプトの法律に遡及しては適用しないと決定した[43]。同条は、もっぱら事後のことに限って効力を有するとしたのだ。しかもそれを適用する時は、告発のためや適切な手順を踏まない場合は排除し、国民の総意を反映すべき立法過程に十分の熟慮と敬意が払われていることを前提とした。立法府がイスラームの伝統に反するかもしれないと想定する必要はなかったのである[44]。

多くの場合、憲法裁判所は伝統を詳細に学術的かつ健全に読み込むならば、それは必ずしも「後進的で中世風」であるとは限らないことを証明した。欧州人権裁判所ではイスラーム法はすべて「民主主義の基本的諸原則と合致しない」という極端な言い方をしているが[45]、エジプト憲法裁判所は前進的で人道的にイスラーム法を解釈することに成功した。そして天啓の法を人々の生活を助ける法律過程に結びつけるという、イスラーム法が持つより好ましい内容と哲学の真価を発揮させたのであった[46]。

象徴、国名、憲法へのイスラーム法の優位性導入などの彼方に、事の実質がある。合憲性という視点からイスラーム法と合致しているかを検討するのは、いわばリトマス試験紙を用いているようなものである。それはより静かなかたちで実質を取っているのだが、前例としての伝統に憲法上の重要な価値を認めるすべての国にとってもいえることである。とくに中東では、法曹はイスラーム法の伝統どころか、前例としてハムラビ法にまで遡ることができる。それはユニークな遺産であり、その復興を図る価値がある。そうすることは、これらの伝統を知的な人道主義により西洋の諸法と同格に置き直すということでもある。それは同時に、二一世紀以上の長きにわたり発達してきたインド、中国など偉大な文明における諸法をも同格に置くこととなり、それぞれを現代社会と距離を置かない格好にするのである。

イスラーム法をはじめ、ユダヤ、キリスト教、バビロン、ゾロアスター教などの中東法は多量の文書を保有し、とくにアラビア語が多いが、それらは現代社会において正当な位置づけがなされるべきである。そのようなより大きい人道的なレンズが用いられるならば、イスラーム、イスラーム法、あるいはイスラームの諸原則などに定冠詞が付くのか不定冠詞のままかといった議論は不毛になる。より適切な設問は次のようになるだろう。

つまり、他の地域のものであっても一番進んだ法的諸原則と、いかにイスラーム他の中東法の伝統を学術的に融合させるかということである。そのためには最良の学術レベルが望まれ、それに近道はない[47]。エジプトの例の他あまり知られてはいないが、アラブ首長国連邦での連邦最高裁判所や、パキスタンの高等裁判所などもその事例となる[48]。

3　再び中東法における個人レベルの論理

イスラーム・中東法における個人的な側面には、イスラームの国際主義に通じる基礎があることを、われわれは見てきた。中東法の個人的な論理は、その法的国家構築の中心的な問題を理解するのにも必須である。

中東においては、キリスト教徒、ユダヤ教徒、あるいはムスリムは、主としてその身分を、キリスト教徒、ユダヤ教徒、あるいはムスリムとして定義される。当該国において、その市民であることとは二義的なのである。このような特性はもちろん西洋式の現代的な法的構成の基本とは異なり、また個々人の平等を説く世俗的な論理とは異質である。

完全に平等な市民と、不平等な権利が与えられた共同体の市民という互いに相容れない二つの論理は、今日まで生存している。とくにそれは結婚、離婚、後見、遺産などの家族法の中核部分において顕著である。信条にかかわらず、結婚する女性は宗教に縛られることとなる。植民地支配下においては、イスラーム法の適用は後退したので、家族法の分野は市民間の平等によって定義される国家の法的仕組みからは、取り残されることとなったのだ。その代わりに、当該人の宗派に属する宗教裁判所が、係争時において特定の伝統的な家族法を適用することとなる。それがレバノンとイスラエルの法慣行である。しばしばエジプトやイラクなどでは、国家裁判所が取って代わることもあるが、そこに見られるのは民族的に包装した宗派別の法律にすぎない。

そこで個人は、いくつかの競合する法的論理に縛られることとなる。宗教的には、その共同体に縛られる。しかもそれさえも、ムスリムか非ムスリムかという大分類にとどまらない。まずムスリムでも大きいところでは、スンナ派とシーア派がある。シーア派の主流派は、アリーとその一二代の後継者に従うので、一二代派と呼ばれている。小さなシーア派としては、七代目までは承認しているイエメンのザイディー派や五人目までを承認するイスマーイール派（インドではボフラ派といわれている）もある。一九世紀のイランで発生した、バービー教やバハーイー教もある。スンナ派では、一八世紀のアラビア半島で始まった純粋主義のワッハービー派があり、それは現代ではサウード家の支配と結びついている。同様に、キリスト教やユダヤ教共同体も細分化されている。ギリシア・オーソドックス、ギリシア・カトリック、マロン教、プロテスタント、ネストリウス派、コプト教などがある。ユダヤ教では、保守派と改革派などがある。[49]これらの間の紛争が表面化すれば、ただ単なる家族法をめぐる争いではなくなり、それはそのまま国家としての法的構築に影響する問題となる。いわばそこでは、宗教共同体は憲法上の機関として登場することとなるのである。

これが、中東における国家の法的構築の主要問題である。この問題は、さらにはインド、サハラ南のアフリカ、あるいは西洋におけるムスリム少数派の問題としても登場する。中東ではとくに、宗派を憲法上の機関として扱うことには大きな問題を伴う。例えば、シリアのアサド支配下におけるアラウィー派の覇権や、イラクのサダム・フセイン支配下におけるスンナ派の覇権など、それらバアス党による独裁政治の時代には、特定の宗派による国家の制圧をまのあたりに見ることとなった。それと全く正反対の例は、レバノンである。そこでは宗派制度（ターイフィーヤ）が確立されており、市民個々人の諸権利をまとめる集団的な諸権利の保有者として宗教共同体が公然と認められているのである。法律上、一七から一八に上る共同体が認められ、キリスト教マロン派、ムスリム・スンナ派、ムスリム・シーア派などが、ほとんど統治能力がないほどに複雑化する政府のポストを占めることとなっている。いずれであれその共同体にとって重要と思われる事案が生じたならば、国家としての法的構築は断念せざるをえないのである。多数決主義は、このような場合、無意味となる。

こうして二つの極があることになる。一つは、独裁制の下での単一の少数派による完全な無知と支配、二つには、いずれかの宗派が拒否権を得て統治不可能に陥るケースである。この二つの極の間には、その規模や歴史的状況により、さまざまな変化形が現れる。エジプトとイラクでは、かつて繁栄していたユダヤ教徒共同体はすっかり衰えさせられた。残るキリスト教徒とムスリムは、かなり異なる様式で共生している。キリスト教徒たちはイラクにおいて少数派で、政府部内の影響力もほとんどないに等しい。イラク国内での対外戦争を通じる長く厳しい年月の間のキリスト教徒たちの戦いは、ほとんど生存競争そのものでしかない。イラクの主要な分断はスンナ派とシーア派のそれであるが、後者ははるかに大きな共同体を構成している。しかしシーア派はその力を、アラブとクルド人（訳者注：クルド人はスンナ派）の対決によって損なわれている。

エジプトを見よう。二大戦間に民族主義運動が高まり、同じ「エジプト性」を持つものとして広く平等感が高まった。キリスト教徒の指導者たちは一般のエジプト人と同様の権利義務を主張して、自分たち用の割り当て分（クオーター）を受け取るのを拒否した。一九五二年の軍事革命により、エジプトのキリスト教徒の展望は一変した。革命政権に参加するのは制限されて、せいぜいそれは象徴的であり、他方、宗派問題は繰り返し表面化した。イスラエルのケースも特有の性格があるが、その法的構築の難しさは同様である。ただし、ユダヤ人共同体は政府の中で独占ではないが、ほとんど支配的な指導権を握っている。

Ⅳ　最後に――今後の展望

以上、中東においては、各国の法的な仕組みと宗派的論理がうまくかみ合っていないという問題が大きいことを述べてきた。それは国内と国際の両面がある。これはイスラーム諸国において、世界的に見ても例外といいうるほど、深刻さを帯びている。

大規模な国際的暴力は、国内的、あるいは地域全体でも争いを増幅させており、それはすっかり中東地域の目印になったようである。もしこの状況を一つの要因に帰するとすれば、領土的よりは個人的な法的性格のほうが、現在の広く見られる紛争をうまく説明してくれるだろう。この紛争は、二つの法論理の間のものである。民族国家とその個々の市民という論理と、それに対する宗派的国家で共同体が国家構築上の機関として機能するという論理である。

あまり良い視界は開けていないが、共生のためには何とかして新たな方途を考案することが必須である。とくにイラクでは、従来のクルド人・シーア派・スンナ派という生硬な三分割ではないかたちで、連邦制によって宗派的民族的分裂を包摂しようと試みがなされている。

さらに一般的には、個人レベルと共同体レベルの双方における人権の呼びかけと、いっそうの政治参加を認める努力が、国家としての法的構築には、はるかに効果が上がると見られる。

それは国内的であり、同時に国際面でも効果があるであろう。古い歴史にすぐ戻る勢いの強い中東のあり方からして、どのような法的構築の試みであれ、それが根づいたものになるには、いずれにしても二一世紀全体を通じる長い時間を必要とするであろう。

＊（訳者注） 本文中随所にカッコ書きで、通読の便のため訳者が注を追記した。また以下の本論文の注は原文のままだが、通常あるような注釈や補足の情報に加えて、多数の入門書や参考書、あるいはウェブサイトのアドレスが紹介されている。これは日本人読者にとって便利なように、著者に訳者が依頼したものである。ただし、自然と大半は英語文献で、次いで少々アラビア語、フランス語の文献となっている。

注

（1） キリスト教徒は約二〇億人（世界の三二％で減少中）、ムスリムは一五・七億人（二二％で増加中）。http://www.religioustolerance.org/worldrel.htm 二〇一〇年一〇月現在のサイト。

（2） Lucien Febvre, *L'Europe, Genèse d'une Civilisation*, Paris, 1999, p. 87 参照。マルク・ブロックを引用している。

（3） Alphonse Dupront, *Le Mythe de Croisade*, 4 vols., Paris, 1997. 本書は十字軍に関する、長年にわたるヨーロッパの見方を提示する記念碑的な作品である。

（4） Albert Hourani, *Islam in European Thought*, Cambridge, 1991 ならびに *Europe and the Middle East*, London, 1980. これらは本問題の堅実な手引きである。

（5） 学術研究の速度が追いつかない分野である。現在もスーダンでは南北ラインで分裂しそうである。スーダンに関する文献については、次を参照のこと。http://fivebooks.com/interviews/richardcockett-on-sudan

（6）欧米におけるムスリム・マイノリティー移民の問題については、Sumbul Ali-Karamali, *The Muslim Next Door: the Qur'an, the media, and that veil thing*, Ashland, Oregon, 2008. また、ムスリム移民たちの尽力と、とくに家族法・身分法については、Chibli Mallat and Jane Connors eds., *Islamic Family Law*, London, 1993.

（7）Samuel Huntington, 'The Clash of Civilizations ?', *Foreign Affairs*, Summer 1993, 22-49, 本としては、*The Clash of Civilizations and the Remaking of World Order*, New York, 1996.

（8）カーター大統領の時のブレジンスキー国家安全保障補佐官は、「危機の円弧」と呼んだ。Zbigniew Brzezinski , 'The Crescent of Crisis', *Time Magazine*, January 15, 1979: http://www.time.com/time/magazine/article/0,9171,919995-1,00.html. 最近の危機の地域的整理については、Saad Salloum, 'Gilles Kepel and the Middle East's Triangular Crises', そのインタビューは、*Niqash* (Baghdad), 3 February 2010, サイトでは、http://www.niqash.org/content.php?contentTypeID=75&id=2600&lang=0.

（9）オバマ大統領は選挙戦においても、アフ・パックの扱いの難しさについて語っていた。ムスリム人口は、アフガニスタンで三〇〇〇万人、パキスタンで一億七〇〇〇万人。

（10）パキスタンに関する入門書は、Ahmad Rashid, *Descent into Chaos*, London, 2008. パキスタンについては、Louis Dupree, *Afghanistan*, Oxford, rpt. 2002 (original 1973). さらには、Bruce Riedel, *The Search for al Qaeda- Its Leadership, Ideology, and Future*, Washington 2008. 立憲への動きは、Mallat, 'Constitutions for the Twenty-first Century. Emerging patterns—The EU, Iraq, Afghanistan', in Peri Berman, Wolfhart Heinrichs, Bernie Weiss eds., *The Law Applied: Contextualizing the Islamic Shari'a*, London, 2008, 194-215. これは版を変えても出された。'Constitutions for the 21st

Century: Emerging Patterns—the EU, Iraq, Afghanistan…', 1 Duke L. CICLOPs 41（2009）.

（11）イラン憲法第五条は、イスラームの基準に従って、ムスリム同胞との兄弟関係へのコミットと世界の被抑圧人民への支援のための外交政策を追求するとした。'Iran, Shi'ism and the Arab Middle East', in Chibli Mallat, *The Middle East into the 21st Century*, Reading 1996, 127-72, chap. 5 参照。

（12）一九四八年、パレスチナ住民の約三分の一がユダヤ人（六〇万人）で、約三分の二がキリスト教徒とムスリムであった（一二〇万人）。約八五万人の非ユダヤ人は避難民となった。Benny Morris, *The Birth of the Palestinian Refugee Problem Revisited*, 2nd 改訂版として、Cambridge, 2004（original 1988）. 二〇一〇年、ユダヤ人と非ユダヤ人の比率は半々となっている。

（13）イスラエルは民主主義だとの擁護論は、弁護士で著者の、Aharon Barak, 'Foreword: A Judge on Judging: The Role of a Supreme Court in a Democracy', 116 Harv. L. Rev.16（2002）, 本としては、*The Judge in a Democracy*, Princeton, 2006. さらには、David Kretzmer, *The Legal Status of the Arabs in Israel*, Boulder 1990; Kretzmer, *The Occupation of Justice: The Supreme Court of Israel and the Occupied Territories*, New York, 2002. 社会学者によるパレスチナ人の政治的迫害の研究に関しては、Baruch Kimmerling（二〇〇七年没）*Zionism and Territory*, Berkeley 1983. 法律論としては、'Jurisdiction in an Immigrant-settler Society: the 'Jewish and Democratic State'' *Comparative Political Studies*, 35. 2002, 1119-44. それに反してパレスチナ人の明確な見解は、エドワード・サイード（二〇〇三年没）の著作や、なかでも参照すべきなのは、*The Question of Palestine*, New York, 1979.

（14）イスラエルの初代大統領ワイズマンもしばしば使った言葉。一九四八年以前、パレスチナの土地はほとんどが移民であった、として悪名を馳せたのは、Joan Peters, *From Time Immemorial: The Origins of the Arab-Jewish Conflict*, New York, 1984.

（15）「パレスチナ人など存在しない。……移民してきて彼らの土地を取り、彼らを放り出したというのは当たっていない。」メイア首相発言、*Sunday Times*, 15 June 1969.

（16）「パレスチナ側のパートナーがいないので、イスラエル軍を一方的にガザから撤兵する」と述べたのは、シャロン首相であった。二〇〇四年一月四日、イスラエル議会発言。http://www.jewishvirtuallibrary.org/jsource/Politics/sharon010504.html

（17）六〇年代に南アフリカのアパルトヘイト政策の法律的性格について審査があったように、本件は深刻な問題である。それは世界的な規模で実施されてしかるべきである。アパルトヘイトが中立的なものであるとの認識は覆された。Elizabeth Landis, 'South African Apartheid Legislation I: Fundamental Structure,' 71 Yale L.J. 1-52（Nov. 1960）; 'South African Apartheid Legislation II: Extension, enforcement and perpetuation,' 71 Yale L.J. 437-500（Jan. 1961）.

（18）ウエーバーの『職業としての政治』一九一八年で使われた表現として、「正当な物理的力の占有」とある。ウエストファリア平和条約（一六四八年）では、領土が定められ、各国内への外国勢力の介入が排除される体制が整えられたとも評された。

（19）Ahmad 'Isa 'Ashur, *al-fiqh al-muyassar fil-'ibadat wal-mu'amalat*（儀礼と取引法）, Cairo, 1984, first ed. ca 1972, p. 299. アーシュールは一九八〇年代終わりに死去。ムスリム同胞団のハサン・アルバンナーやサイイド・クトゥブに近い活動家。

（20）前掲書、ジハードに関しては、二九九－三〇五ページ。なお通常、年一回の義務として上げられるのは喜捨である。アーシュールはここでは、実際の戦争行為以外も含めて述べている。

（21）S. D. Goitein, *A Mediterranean Society: the Jewish Communities of the Arab World as Portrayed in the Documents of the Cairo Geniza*, 5 vols, Berkeley, 1967-1988. ジズヤに関しては vol. 2, *The Community*, 380-95.

(22) Mallat, entry on 'International law: Islamic Public Law', in Stanley Katz ed., *The Oxford International Encyclopedia of Legal History*, 6 vols. Oxford 2009, 3: 280-2, and bibliography. 現代の諸問題に関しては、Gilles Kepel, *Jihad; The Trail of Political Islam*, London 2002（Original French 2000）; Noah Feldman, *After Jihad: America and the Struggle for Islamic Democracy*, New York, 2003.

(23) J. N. Postgate, *Early Mesopotamia: Society and Economy at the Dawn of History*, London, 1992. 並びに、Mallat, *Introduction to Middle Eastern Law*, Oxford, 2007, 141-80.

(24) 一八世紀、サファヴィー朝とオスマーン朝のスンナ・シーアの別に従った国境線画定に関しては、Robert Olson, *The Siege of Mosul and Ottoman-Persian Relations, 1718-1743*, Bloomington, 1975.

(25) Mallat, *The Renewal of Islamic Law: Muhamad Baqer as-Sadr, Najaf, and the Shi'i International*, Cambridge 1993.

(26) 礼拝の時のイマームと、シーア派の指導者であるイマームとは区別しなければならない。英語では、前者は小文字を使用し、後者にはIと大文字が用いられることが多い。

(27) この法理論に関しては、Mallat, *Introduction*, supra n. 23.

(28) この議論は、Mallat, *The Renewal of Islamic Law*, supra n. 25, Chapters 1-3.

(29) イラン憲法第五条（指導者について）、第一〇七－一一二条（選挙、権限、義務について）。

(30) イラン憲法第一〇七条、一〇八条（専門家会議による指導者の選挙）。

(31) イラク憲法前文（学者の役割）、第一〇条（聖地の保護）、第四一条（個人的地位選択の自由）、第四四条（集団儀礼参加の自由）など。

(32) 前者のアラビア語版と後者のペルシア語版ではタイトルが異なっている。学者と商人の関係については、Michael Fischer, *Iran: From Religious Dispute to Revolution*, Cambridge Mass. 1980, 80-95. 学者と商人の関係は、ムハンマド・バーキル・アッサドルやムハンマド・サーディク・アッサドル（サダム・フセインによって、前者は一九八〇年に、後者は一九九九年に処刑される）、レバノンのムーサー・アッサドル（リビアのカダフィによって一九七八年、「失踪」させられる）、それとイランのハタミ前大統領はムーサー・アッサドルの姪と結婚したことなど。サドル家の家計図は、http://www.mbsadr.com/arabic/pages/tree_sadr.php　その他の著名人の履歴は、'Abd al-Hussein Sharafeddin, *Bughiyat al-raghibin*, 2 vols, Beirut. 1991.

（33） 英語訳は、Hamid Algar, *Islam and Revolution*, Berkeley, 1981, 27-151. 立憲主義の比較論は、Amir Arjomand, *After Khomeini*, Oxford, 2009.

（34） シーア派が少数派であるのは、シリア、サウジアラビア、アフガニスタン、パキスタン、インド、クウェート、レバノンなど。バハレーンでは、多数派のシーア派をほとんど絶対的なスンナ派の王政が支配している。

（35） カーイダはアラビア語で、規則、あるいは基地、基礎などを意味するが、ビン・ラーデンらがその運動のために使用した時の意味は「名簿」であった。それはアフガニスタンにおいて対ソ連抵抗運動に参加した人たちの家族からの照会に応じるための帳簿であった。Kamil al-Tawil, *Al-Qa'eda wa akhawatuha*（カーイダと兄弟たち）, Beirut, 2007, 31.　ビン・ラーデンが国際主義を鮮明にしたときの運動の名称は、「対ユダヤ人・十字軍闘争イスラーム国際前線」で、これを彼は一九九八年二月二三日の記者会見で明らかにしている。Gilles Kepel and Jean-Pierre Milelli, *Al Qaeda in its Own Words*, Cambridge Mass. 2008, 53-56（原本はフランス語 *Al-Qaida dans le texte*, Paris, 2005）.

（36） Mallat, *Introduction*, supra n. 23, 151-54 および参考文献参照。

（37） エジプトのムスリム同胞団の現状については、Gilles Kepel, *Muslim Extremism in Egypt: The Prophet and Pharaoh*, Berkeley, 2003（original French 1984）. パキスタンのジャマーアーティ・イスラーミーについては関連の項目が以下にある。Seyyed Vali Reza Nasr in *The Oxford Encyclopedia of the Modern Islamic World*, supra n.22, vol. 2, 356-60 および同書掲載の参考文献参照。

（38） 神秘主義については関連の項目が以下にある。*The Oxford Encyclopedia of the Modern Islamic World*, supra n. 22, vol. 4, 102-33.

（39） 彼ら自身が多筆であり、また彼らについての研究書も多数ある。例えば参照すべきなのは、John Donohue and John Esposito eds., *Islam in Transition: Muslim Perspectives*, Oxford, new ed. 2006.

（40） 全文は以下に掲載されている。とにもかくにも、ザルカーウィーにとっての主要敵はシーア派とイラク政府であり、米軍ではなかった。Mallat, *Iraq: Guide to Law and Policy*, Boston, 2009, 365-77; 390-92.

（41） Jonathan Randal, *Osama: The Making of a Terrorist*, New York, ２００４; Peter Bergen, *The Osama bin Laden I know*, New York, 2006.

（42） パキスタン憲法第二二七条（一）においては、「イスラームとの無抵触条項」と呼ばれている。Martin Lau, *The Role of Islam in the Legal System of Pakistan*, Leiden, 2006.

（43） 右決定は、SCC, Year 1, Case 20, decided 4May 1985, SCC 3, 209-28, 英訳として、'Supreme Constitutional Court（Egypt）– Shari'a and Riba', *Arab Law Quarterly*, 1, 1985, 100-107. 他にもSCC, Year 4, Case 47, decided 21 December 1985, SCC 3, 274-86. パキスタンの利子禁止令は、*Mahmood-ur-Rahman Faisal v. Secretary, Ministry of Law*, PLD 1992 FSC 1 （Federal Shariat Court） および 2002 by the Supreme Court reversing the decision in *Bank Limited vs. Farooq Brothers and Others*, PLD 2002 SC 800. 以上に関して参照されたいのは、Mallat, Introduction, supra n. 23, 338-45.

（44） Mallat, Introduction, supra n. 23, 196-207.

（45） ECtHR, *Case of Refah Partisi (The Welfare Party) and others v. Turkey*, 13 February 2003, ＥＵ人権裁判所判例（トルコのイスラーム政党を禁じるトルコ憲法の妥当性） http://cmiskp.echr.coe.int/

tkp197/view.asp?item=2&portal=hbkm&action=html&highlight=&sessionid=61779985&skin=hudoc-en, とくに大法廷決定文パラ第一二三参照。

（46） 人道的解釈については、Robert Fossaert, *Le Monde au 21ème Siècle*, Paris 1991, 501. エジプト憲法最高裁判所長官だった、アワド・アルムッル（二〇〇四年没）を参照。'The Supreme Constitutional Court of Egypt and the Protection of Human and Political Rights' in Chibli Mallat ed., *Islam and Public Law*, London 1993, 229-60.

（47） 最近の連邦制に関する、イラク・ナジャフの学者の著述に注目したい。Hasan Bahr al-'Ulum, *al-Islam al-fidiraliyya*（イスラームと連邦制）, Baghdad, 2010.

（48） Mallat, *Introduction to Middle Eastern Law*, supra n. 23, 191-207（Yemen, UAE, Egypt）, 並びに 338-45（Pakistan）.

（49） Mallat, *Introduction*, supra n. 23, 171-80 を参照されたい。

参考文献

＊イスラーム・中東法一般

Noel Coulson, *A History of Islamic Law*, Edinburgh University Press, Edinburgh, 1964. 現在でも最もまとまったイスラーム法に関する入門書。

Joseph Schacht, *An Introduction to Islamic Law*, Oxford University Press, Oxford, 1964. 西洋における草分け的入門書。

Norman Anderson, *Law Reform in the Muslim World*, Athlone Press, London, 1976. 一九七九年以前のイランにおける法改革の、精緻な分析。

Eugene Cotran and Chibli Mallat（and other subsequent co-eds）, *Yearbook of Islamic and Middle*

Eastern Law, since 1994, Kluwer, London.　中東諸国における立法・司法の進展ぶりに関する年次報告を含む。

Chibli Mallat, *Introduction to Middle Eastern Law*, Oxford University Press, Oxford, 2007, paperback edition with new preface, Oxford, 2009.　本分野の総括であり、歴史的比較法的視点を重視、判例も多数取り上げる。

Chibli Mallat, 'Comparative law and the Islamic（Middle Eastern）legal culture', in Mathias Reimann and Reinhard Zimmermann eds., *Oxford Handbook of Comparative Law*, Oxford University Press, 2006, 609-639. Paperback 2008.　前掲書のまとめ。

Wael Hallaq, *Shari'a: Theory, Practice, Transformations*, Cambridge, 2009.　弁護士ではない筆者による、達筆ながら平衡を欠く内容。

＊百科辞典

Encyclopaedia of Islam, Brill, Leiden, 1st ed. 1916-1936, 2nd ed., 1954-2005, 3d ed. 2007-, multiple editors.　右は最大最強の工具書。

The Oxford Encyclopedia of the Modern Islamic World, 4 vols, OUP 1995. General editor John Esposito.　主要概念、個人、国々に及ぶ事項選択が適切。

The Oxford International Encyclopedia of Legal History, 6 vols, OUP 2009. General editor Stanley Katz, Islamic law editor Baber Johansen.　イスラーム・中東法関係事項の国際的な学術研究の世界における評価。

特別寄稿

中東における非暴力と民主的戦略

イラクのサダム・フセイン大統領やレバノンに軍事侵略したイスラエルのアリエル・シャロン首相を大量殺戮の容疑で国際刑事裁判所に提訴し、従来から積極的な政治活動を繰り広げてきているのが、筆者のシブリー・マッラートである。本年に入ってのアラブ世界の民主・自由主義の動向に際しては、非暴力を中東の、ひいては世界の新たな法的構築の規範として定着させようとしている。それを説く本論は、アラブ政治の実際の力学を見るために適切な内容となっている。特別寄稿をしてくれた同氏に感謝したい。なお本年（二〇一一年）三月、ハーヴァード大学中東センターで行った講演が本稿の主体であるが、筆者との協議により日本でなじみの薄い多数の人名を削除するなどして訳者が編集した。

カール・マルクスは、哲学者はこの世界をさまざまに解釈しただけであるが、重要なことは改革することである、と述べたことがあった。しかしこれは、的を射ていない。なぜならば、哲学も高度な次元で政治の改革となるからだ。他方、この言葉が正しい面もある。それは、解釈なしに改革は成り立ちえないということである。その意味で、哲学は歴史、社会学、あるいは言語学などと同様に、理解の重要な手立てである。

これが中東で今日生起している大革命の進展を覆う、哲学的な現状である。あまりな大変革に直面して、われわれは一体全体、どこにいてどこへ行こうとしているのか、戸惑いがちである。そこで、それを把握する哲学が必要となってくる。その哲学とは、新しい概念だが、「非暴力の哲学」である。

言い換えれば、革命は非暴力であり、政治権力は必ずしもそうではないということである。

中東の政治情勢は、本年初めには次のようであった。イスラエルの例外主義（訳者注：侵略や人権侵害をしてもイスラエルだからということで、国際的にはそのように認定されないなど）、政治目的を掲げるかたちの政治化したイスラーム、いつも生産停止や価格の急上昇などダモクレスの剣をかざしているような石油の呪い、そしていずこも長期にわたる専制政治が一般的であった。これが急変するだろうと考えた人はほとんどいなかった。だからチュニジアで激動が始まったときには、フランスのアリヨマリ外相は戸惑いのあまり、ベンアリ大統領支援のフランス軍派遣を提唱し、その後結局、彼女は辞任した。また米国のバイデン副大統領は、エジプトに独裁者はいないといった趣旨の発言をしてしまったのだった。

非暴力の抵抗の波は、中東をこの数年来覆ってきている。例えばエジプトでは、二〇〇〇年、サアド・アッディーン・イブラーヒーム（訳者注：エジプトの人権主義活動家）がムバーラクに異議を唱え、そのため二年間投獄された。しかしその五年後には、憲法改正が実現して、副大統領のポストが創設された。ところが、それに従って立候補したアイマン・ヌールは、三年間も投獄されてしまった。またアルバラダイは、ムバーラク大統領への対立候補を宣言するまでは、海外へ政治逃亡していたに等しかった（訳者注：彼は国際原子力機関事務局長として、ウィーンに在住していた）。

自分の経験を交えて語ってみよう。二〇〇五年、ハリーリー大統領がシリアの分子に暗殺された。それに対して、レバノン政権全体の中から、シリア勢力を追放する運動へとつながった。人によっては、ダマスカスに報復爆弾を仕掛けるよう主張したが、われわれはそれでは暴力の連鎖に発展するだけなので反対し、それを抑制するのに成功した。これは「レバノン杉革命」と呼ばれるに至った。またこのような発想は、二〇〇九年、イランのアフマディネジャド大統領の選挙不正に反対する運動の展開においても取られた。それは、運動家たちが使用した制服や旗の色から、「緑革命」と呼ばれた。

本年三月現在、リビア情勢の成り行きは判然としない。そこでは内戦という、非暴力とは正反対の可能性が高まっているかに見受けられる。容易な解決策は見出しにくいかもしれないが、国際的な飛行禁止地域の設定（これはイラクでは非常に有効で、設定以後はサダム・フセインの戦闘機はまったく飛べなかった）、そしてそれが効果的でないならば、次はリビア国内に非走行禁止地域を設定して、リビア陸軍戦車の展開を阻止するような措置を国際的に取る必要もあるであろう。すでにカダフィの国際人権擁護上の容疑や、それに伴う海外口座にある預金凍結策は取られている。そして最終的には、非武装が主体である民衆に対して、不相応な兵力（戦闘機、戦車、重火器、化学兵器など）を動員しつづける場合には、彼の国際的刑事訴追とインターポール（国際刑事警察機構）による逮捕が必要となるであろう。

リビアのカダフィが追放されなければ、ことは動かないだろう。それはムバーラクであれ、ベンアリであれ同様であった。リビアの成功は中東の、いや世界の他の類似の諸例に好影響を与え、逆にその失敗は、すでに第一段階は通り過ぎたエジプトやチュニジアの後退さえももたらすであろう。そこで、中東における非暴力革命の第二の次のページに言及することとしたい。それは、憲法制定などの法的構築の問題である。

旧体制の残骸の上に、革命後の新体制が建設されることとなる。残骸は常に整理、整頓されていない。そこで新たな法制を敷く必要が生じるのである。それは多くの場合、憲法制定やその抜本的改訂のかたちを取る。

もちろん、もう一つの可能性がある。それは国家分裂である。本年初めにスーダンで採択されたし、またイラクでも少数派の抵抗論理として、その方向性はいつも主張されてきている。しかし、この分裂策を自分としては好まない。なぜならば、それは結局、中央権力の温存となり、そこから次の分裂要因が生じるだけだからである。まさしくスーダンではその道を歩んでおり、バシール大統領の圧制はいや増し、他方、南部に続きダルフール地区が分裂の道を歩みはじめている。南北イエメンなどでも同様であろう。さらにいえばイスラエルも同じで、それを分割して歴史的パレスチナ小国を二、三カ国作るよりも、イスラエル政権の抜本的な政策変更と体質改善が現実的であると見ている。

法的な確立は、独裁者が追放されるとすれば、非暴力革命と重なってくる。それはもちろん、アラブ人特有の論理ではない。中国の天安門広場の論理につながると、いみじくもジョン・マケイン米国上院議員は述べている。ところが法的な対処法は、非常に繊細なアプローチが要求される。固有の技巧と繊細さが求められるのである。

エジプトでは、本年（二〇一一年）二月二二日付「ハーヴァード国際法雑誌」に出されたエジプト憲法改正の提案の主要点が、同月二六日にほぼそのまま正式に採択された。とくに、大統領の任期を制限することと、大統領および議会選挙における司法による最大限の監視制度の導入である。このように早期に実現した背景としては、ハーヴァード大学の法学者たちが、かねてより現実的な課題として、筆者の長年の友人でもあるアーデル・シェリーフ・エジプト憲法裁判所副裁判長らと、本問題について協議を重ねてきていたことがある。それだけに、右採択に時間を要しなかったのであった。

他方バハレーンでは、改革派は首長という国王制の廃止は要求しておらず、二〇〇二年憲法のままの立憲王制が彼らの要求なのである。したがって事態は、エジプトより徹底しえない。さらに様相を複雑にするのは、国民がスンナ派とシーア派の二つに分裂し、後者が社会的に劣勢ながら、数の上ではほぼ前者の三倍に上るという事情である。このような中、何とか法的な抜け道であり、解決策がないものか、すでにバハレーンおよび米国の法曹を巻き込みつつ、われわれのグループは検討を開始した。筆者としてはあまり気が進まないが、巷に新造語として王制と共和制の混合で、「王和制（monarblics）」というのが登場しつつある。

いずれにしても、非暴力を中東、そして世界の改革と革命の一大規範として掲げたいと考える。そして同僚、友人の皆様に、その運動を支持し理解していただきたいのである。

シブリー・マッラート（Chibli Mallat）

一九六〇年、レバノン生まれ。ロンドン大学東洋アフリカ研究所SOASで博士号取得後、同大学にて、八八―九六年の間、イスラーム法講師、イスラーム・中東法センター長。現在は、ユタ大学特命教授、並びに中東政治・法律教授、在レバノン、セント・ジョゼフ大学EUジョン・モネ・欧州法教授。プリンストン、リオン、エール、ヴァージニア各大学で教鞭をとり、二〇一一年、ハーヴァード大学法学部二聖地保護者客員教授に招聘される。著作は三〇冊以上、近著としては『中東法入門』オックスフォード大学出版、二〇〇七年、がある。イスラーム法研究を新しい地域的知的枠組みで捉える方法を導入し、注目されている。国際弁護士としては二〇年以上のキャリアがあり、父親はレバノンの初代憲法裁判所所長であった。

グローバル化時代のイスラーム信仰

奥田　敦

〔要　旨〕

グローバル化の時代にあって、いよいよイスラームの信仰の真価が問われている。イスラームの信仰が、地域的で特殊なものとして、その居場所の確保のために汲々とするような状態に自らを追い込むようなことがあってはいけない。グローバル化の時代にあって、今最も想起されなければいけないのは、イスラームが本来的にもっているグローバル性である。

本論では、現代のグローバル化した資本主義を取り上げ、その意味を探るところから始め、それがいかに人間性を剝奪するものなのかについて考察する。そして、今大切なのは、グローバルかローカルかといった二者択一ではなく、イスラームのグローバル的性格を十全に生かした、この時代により相応しいグローバル化のあり方の提示とその実践が求められていることを明らかにする。

次に、グローバル資本主義において注目を集めているイスラーム金融について取り上げ、「契約」理論の基礎にまで遡って、その非イスラーム的な側面を究明しながら、信仰の形骸化について指摘する。信仰が形骸化し、日常的には経済的利益に振り回され、自分自身の虚しい願望を神としているような状態は、新たなジャーヒリーヤ（無明）時代の到来とさえ言いうるのではなかろうか。

そうであるとするならば、マッカ期の啓示がそうであったように、イスラーム教徒であったとしても、われわれは、今一度、イスラームの宗教観、世界観であるタウヒードについて再確認する必要があろう。そこで、アッラーの諸属性を手掛かりに、アッラーがいかに一つで、しかも唯一の御方であるのかの論証を試みる。

そうした議論を受けて、今こそ、アッラーの忠実なしもべであることが求められているのではないかとの指摘を行う。近代という時代とその延長線上に位置づけることのできるグローバル化の時代は、イスラームの視点から言えば、まっすぐな信仰の道からの逸脱の結果である。いまこの逸脱をただすことこそが、イスラームの信者たちに課されているのである。

体制や統治者の如何にかかわらず果たされる人間としての義務と、人間であるというただそれだけの理由で守られる人間としての権利によって支えられるイスラーム的ガバナンスの世界。人類大で享有されるべき現世と来世の双方で幸福の実現を目指して、グローバル化時代にイスラームの信仰と法が果たすべき役割について論じていく。

目次

Ⅰ　家畜化の過程としてのグローバル化

グローバル化の時代と呼ばれるようになって久しい。もちろん、グローバル化を地球規模への社会的、経済的、あるいは文化的なつながりの拡張としたならば、大航海時代にも、産業革命とフランス革命以降の近代にも、グローバル化と呼びうる状況は見出される。また、イスラームはその教えそのものも、後述するようにグローバル性を備えている。こうした中で、まず取り上げたいのが、ソ連崩壊後の資本主義の一極化に伴って一気に加速したグローバル化である。人・カネ・モノ・情報が国境を越えてグローバル大で自由に行き来するようになる過程が、まさに今、進行中である。

ドバイの爆発的な成長。競争戦略に主導された青写真に、資金が集まり、人が集まり、モノが集まり、情報が集まる。金融のセンターとして、物流のセンターとして、また情報発信の基地として、その成長を続けている。二〇〇九年一一月のドバイ・ショックで世界中に激震が走ったが、それも一時的・限定的なものにとどまり、その後もたとえばインフラビジネス市場を中心にサウジアラビアなども含めた湾岸経済の活力は衰えていないともされる（佐竹重治・野呂瀬和樹〔二〇一〇〕）。ショック時の影響の広がりから明らかなように、まさに世界中がこの成長の恩恵に浴している。まさにグローバル化である。

成長戦略を取り続ける限り、その恩恵は、具体的に誰が浴するのかは別として、グローバル化は必須なのである。世界中の誰もが、情報を共有し、等しく富の分配を受ける可能性が与えられる過程であるとグローバリストは主張する。

これに対して反グローバリストは、ローカルなものにこだわって、世界貿易機構（ＷＴＯ）などによる、自由貿易を通じたグローバル化の推進を否定する。昨年秋に環太平洋経済連携協定（ＴＰＰ）の導入の議論に対して吹き荒れた日本農業の擁護論もその一つに数えることができよう。

グローバル化か反グローバル化か。相変わらず、一本のオリーブの木の領有を主張し続けるか、そんなものにはこだわらずにレクサスに乗るようなステータスを手に入れるのかという二者択一がそこには横たわっているように見える。しかしながら、反グローバリズムという言葉が示すように、反グローバリズムは、グローバリズムのグローバル展開を受けての議論であって、両者は、一見二者択一であるかのような様相を呈しながらも、実は互いに複雑に絡み合い、ときに依存的ですらある。

グローバル化の流れを今ここで止めることは難しかろうし、その一方で、ローカルなものにのみ頼って生活し続けることも難しい。そうであるとするならば、求められているのは、むしろこの二者択一の地平を乗り越えて、グローバル化を一定の現実として受け止め、かつローカルなアイデンティティとも矛盾しないような、新たなグローバル化のあり方の探究なのではなかろうか。

イスラームの共同体は、中正の共同体である。アッラーは信者たちを《中正の共同体(ウンマ)》(クルアーン、雌牛章二・一四三)としたのである。ユダヤ教を「正」、キリスト教を「反」と位置づけたときイスラームは「合」の位置にあるという三つの一神教の弁証法的な進化について、筆者は多くのところで言及してきたが、それを引き合いに出すまでもなく、これまでも保守でも革新でもない中道、あるいは資本主義でも社会主義でもない第三の道などの必要性が、この「中正の共同体」という教えを根拠に説かれてきた。グローバル化でも反グローバル化でもない第三の道。この二つの間の中正の道もまた、イスラームの教えの中に示されているということができる。そこで、ここではまず、グローバル化と反グローバル化のそれぞれについて、イスラーム的な視点からそれらが何であるのかについて見ておきたい。

まず、グローバル化についてであるが、最初に示しておかなければいけないのは、イスラームの教えのグローバル性である。言うまでもなく、アッラーは「ラッビルアーラミーン」つまり「すべての世界の主」である。そして彼の書である聖典クルアーンは、その「ラッビルアーラミーン」で始まり、「アンナース」、つまり「人々」で終わる。アッラーは、すべての世界の主であり、すべての人々の主であり、王であり、神である。ややもすれば、イスラームの教え自体は、しばしばイスラーム教徒だけのローカルなものと考えられがちであるが、実はそうではない。そこには、国境による境も、人種や民族による優劣もない。そればかりではない。貧富の差や支配・被支配の関係も乗り越えたところに人間同士のつながりを構築しようとする。しかもイスラームの教えを信じ、教えに従って行為するのに、人種、民族、貧富、社会階層などは関係がない。本人の意思一つで十分なのである。すべての人に開かれている教えなのである。この点で、イスラームは、そもそもグローバル的なのである。

そして、このイスラーム的グローバル化を可能にするのが、人々一人ひとりの「篤信」である。つまりアッラーに対して純正に敬虔であること。そうすれば、人はそれ以外のものに囚われなくなる。元来、すぐ何かに囚われてしまうのが人間である。国家や君主に対する忠誠に囚われることもあれば、愛国心や家族愛に囚われることもあるであろう。また自分自身に囚われ、欲望に流されることもあろう。だが、その人に固い信仰心があり、その信仰心が「正義」に即して実践を行えば、人々は、さまざまなしがらみに囚われることなく、アッラーの下僕という人としてグローバルにつながることが可能になる。「正義」と「篤信」によって助けあえともクルアーンは教える（食卓章五・二）。

これに対して、現在のグローバル化はどうであろうか。経済的な側面におけるグローバル化すなわち、新自由主義的資本主義のグローバル大の拡大という言い方によく示されているように、それを動かしているものは、「篤信」や「敬虔さ」ではなく、「富」であり「経済的成功」である。富や経済的な成功は、人々が分け合いでもしない限り、一部の人々に集中し、そこからは、つねに経済的な弱者が吐き出されていく。

たとえば、一〇〇万人単位のエイズ患者が死を待つばかりの状態にあった国家を国際通貨基金（IMF）と世界銀行が援助した途端に、劇的に患者数を減らすことに成功したという話がある。外国の先進医療や治療薬が導入されたからではない。病院の有料化つまり民営化が押しつけられたのである。結局通院者が半数に減り、統計上の患者数が減ったのである（グレッグ・パラスト〔二〇〇三〕一九二ページ）。

民営化によって外国企業が参入した結果、医療のみならず、水道、電気、ガス、通信などのライフラインに関わるサービスから人々が締め出されていくということが起きないとも限らない。

そもそもいかにしてこうした事態が生じるのかを見てみると、グローバル化の実態を知ることができる。ある国の市場の開放には、担当大臣の理解が必須となるが、いかにしたらその理解を得ることができるであろうか。国家の方針や国民の要望や必要、あるいはIMFからの緊急融資を受けるための貸出条件（コンディショナリティー）を満たすための必要に基づく判断によるばかりではない。現在、ニューヨークとロンドンを拠点に活躍し、最も重要なジャーナリストの一人と目されるグレッグ・パラストは、ノーベル賞経済学者で、新自由主義的グローバル化に批判的なジョセフ・スティグリッツの指摘を整理しながら、それは、民営化 privatization という名前の賄賂化 briberization であり、それが収奪への第一ステップであるとする

（グレッグ・バラスト〔二〇〇三〕一九八ページ）。ロシア、ラテンアメリカ、アフリカ諸国で頻繁に見られた事象である。つまり私利私欲に駆られた結果なのである。

こうして見ていくとグローバル化とは、国民を、まさに家畜さながらに「マス」でグローバル市場に売り渡す行為とも言いうる側面があるのではなかろうか。国民は、まさに「家畜」扱いである。太るも痩せるも飼い主次第。植民地の支配下では奴隷、委任統治下では子供であった人々が、グローバル化では家畜として扱われているのである。

太り始める状態をグローバルマネーは見逃さない。その国の経済が発展基調に入って来ると、グローバルマネーが融資を始める。それなりに膨らんでくると一気にグローバルマネーが集結して、収奪が始まる。これ以上奪うものがなくなると見るや一気に引き上げる。金融危機である。つまり、太らされては食い物にされ、賞味期限が過ぎ、劣化すれば見捨てられる。その光景は、鳥インフルエンザに罹り、あるいは口蹄疫に罹った家畜が集団で屠畜される姿と重なる。

ところで、賄賂を貪る行為は、アッラーの命令はもとより国家や社会の利益より自分の小さな欲望を満たすものであることから、それを行う者たちは、「自らの欲望を神とする者たち」と言うことができる。自らの空しい欲望を神とする者たちは、家畜より劣っているというのが、イスラーム的な見方である（識別章二五・四三－四四）。であるとするならば、グローバル化とは、すでに人間の行うことではない。それは、家畜以下の者たちによる家畜の支配と見ることができる。

また、グローバル化の過程は、人を自らの空しい欲望の虜にする過程と見ることもできる。かつては高い志を持っていた者も、この過程に飲み込まれると、私利私欲の虜になってしまう。グローバル化が支配者を襲えば、国民は家畜のごとく売り渡され、グローバル化が国民を襲えば、個人主義が蔓延し、社会は個々人の欲望によって、そのつながりを失う。

こうして、人間であることをやめさせようとするのが、グローバル化の過程だということになる。つまり、イスラームの観点から見たグローバル化は、家畜以下の者たちが、家畜化した人々を支配、収奪する過程であり、人間が人間であることを自ら放棄する過程にさえなってしまうのである。

反グローバル化に関して言えば、これもまた言葉の正しい意味でイスラーム的ではない。クルアーンによれば、人は種族と部族に分けられているのであり（部屋章四九・一三）、言語も肌の色も異なる（ビザンチン章三〇・二二）。つまり、イスラームの教えに従えば、人種や民族、言語や文化のレベルでは、人は異なっていてよい、いやそもそもそういうものなのである。この部分を無理やりに同じにしようとすれば、必ず歪みが生じる。

それがある社会の外部に向かって、他の民族や文化を侵略しようとすれば、神々の争い、あるいは文明の衝突となり、暴力による争いに発展しかねない。また、社会の内側のそうした部分を捨象しようとすれば、暴力は内側に向いて、強制的に同じ言語と同じ服装を強いられることにもなる。いずれにしても、そこに力が介在してしまう。宗教に強制はない（雌牛章二・二五六）。つまり、宗教はこの部分を均《なら》そうとするものではない。

むしろ、そうした違いを前提としたうえで、なお唯一の主を信じ、唯一の神に従う。最もよく色をつけるのはアッラーであり（雌牛章二・一三八）、最もよい衣服は、敬虔さなのである（高壁章七・二六）。反グローバル化に足をすくわれると、イスラーム自体を見失うことにもなりかねない。

このように現下のグローバル化と反グローバル化をイスラーム的な視点から眺めてみると、それぞれが適正なバランスと軸を欠いていることがわかる。

現下のグローバル化には、弱者への配慮が著しく欠け、強者の論理のみで動いている点、反グローバル化においては、逆に、弱者の権利と救済の主張に終始してしまっている点が、それぞれ気にかかる。そしてその両者がともに、人間とその社会、あるいは人間とその生が、変わることなく、従わざるをえない存在に対する配慮が欠けている点で共通する。人間にもその社会にも、人間の肉体に代表されるように変化もすればやがて滅びもする可変的な部分と、魂（ルーフ）に代表されるように変化もしなければ滅びもしない不変的な部分がある。グローバル化か反グローバル化かの議論においても、注目されて然るべきは、この不変的な部分の存在であり、可変的な部分とのバランスである。

世俗主義と科学主義によって縁取られた近代の延長線上にあるグローバル化の内側から、この不変的な部分へのまなざしを獲得することは容易ではない。世俗主義や科学主義を包括してあまりあるアッラーの教えこそが、まさしくグローバル化と反グローバル化の地平を超えた第三の道を模索するうえでも最大限に参照されるべきなのである。そしてアッラーの教えが正しく参照されれば、然るべき道も見出されうる。一部の者が、しかも物質的、現世的な意味でしか幸せを獲得できない現下のグローバル化。すべての人々に、現世のみならず、来世をも含めた幸福への道を教えるイスラームからみれば、歪んだものとしか言いようがない。

Ⅱ　イスラーム金融の非イスラーム的側面

イスラーム圏の国々の中には、こうしたグローバル化を受け入れるために、イスラームの教義やイスラームの法（シャリーア）の解釈を緩和する動きも見て取れる。直近の例では、イスラーム金融商品開発のための法運用の実態に少なからずそうした側面がある。ここに改めて指摘するまでもなく、至高なる御方は、《商売（バイウ）を許し、利息（高利）（リバー）を禁じておられる》（雌牛章二・二七五）。したがって、バイウ、すなわち売買であれば許されるのであるから、売買あるいは賃貸借などの売買の派生的な形を組み合わせることによって、法理論的には利息を回避しながらも、実質的には利息的な利益を享受できるようにしているというのが、イスラーム金融におけるシャリーア解釈の大きな方向性である。伝統的なイスラーム法に適っているとされるムダーラバ（出資者と事業者の結合による共同事業に対する融資あるいはその契約）ではなく、利息的な余剰を確実に約束する形のムラーバハ（コスト上乗せ型融資）がイスラーム金融取引の主流をなしている点からもそのことは窺える。

また、イスラーム金融機関に預金を行った場合の運用利益による増加分が、従来型の銀行預金の利子率とほぼ同率に設定されていて、乗り換えの利用者にその点でのデメリットがないという点も指摘されてよい。つまり、利息的な利益の存在を前提としながら、いかにそれが利息にならないように法を構成して見せるのかが、イスラーム法学の役割といった様相を呈してさえいる。

しかしながら、シャリーアではすべての売買が無条件に許されるわけではない。《信仰する者よ、あなたがたの財産を、不正にあなたがたの間で浪費してはならない。だがお互いの善意による、商売上の場合は別である》（婦人章四・二九）という聖句から、不正な財産の浪費は禁じられる。不正でなければすべて許されるのかといえば、さらに条件がある。お互いの善意（タラーディン）による商売であれば許される。この「お互いの善意による」という部分は、「両当事者の意思の合致があれば」と解釈され、契約の成立要件としての「申込」と「承諾」という法理の根拠をなす。イスラームの契約法では、したがって、この申込と承諾の一致をもって当事者の意思の合致の証拠となす。

このレベルの意思の合致は、西洋の契約法においても達成されている。近代の契約理論は、まさにそのことが軸となって発展したが、しかしながら、当事者の意思の合致がありさえすれば、いかなる商売も許されるのかといえば、その点についても、次の二点を理由に十分な注意が必要になる。

第一は、クルアーンでは、このことを表すのに「タラーディン」の語が使われているという点である。タラーディンとは、互いに「リダー（満足、満悦）」があるという意味であり、「リダー」には、アッラーの満足を得ることによる満足、満悦というニュアンスがある。アッラーが人々を喜ばれ、人々もまたアッラーに満悦することは、《大願の成就》（食卓章五・一一九）であり、至上の幸福の成就（悔悟章九・一〇〇、抗弁する女章五八・二二）につながる。リダーは、単なる自己満足ではすまされない。

第二は、同節の後段の内容である。そこでは、《またあなたがた自身を、殺し（たり害し）てはならない》（婦人章四・二九）となっている。財産を不正に喰うなという命令と並んで、自分たち自身を殺すことも禁じているのである。民法的規範と刑法的規範――刑法には、自死を禁じる規定は通常は置かれないため、むしろ、倫理的な規範――とが、同一の聖句の中で、一回の呼びかけの中に収められている。

財産と生命、この組み合わせは、クルアーンの中には、アッラーの道における努力の命令のところでセットになって現れる。《それはあなたがたがアッラーとその使徒を信じ、あなたがたの財産と生命をもってアッラーの道に奮闘努力することである》（戦列章六一・一一）とする。そもそも、信者たちの財産と生命は、アッラーによって贖われるはずのものである。《本当にアッラーは、信者たちからその生命と財産を贖われた。かれらのため（の代償）は、楽園である》（悔悟章九・一一一）。しかも戦列章一一節に言う「それ」とは、《痛苦の懲罰から救われる一つの取引（ティジャーラ）》なのである。取引は、アッラーとの取引なのであって、人間同士や自分自身との取引で、財産と生命を無駄にしてはいけないのである。無駄に使ってしまったのでは、アッラーの道に努力するときの手立てがなくなってしまう。

このようにアッラーの道における努力にとって財産と生命は、どちらも無駄にすることはできない。

商業や売買に惑わされることなく行われるのが、アッラーを念じ、礼拝の務めを守り、定めの喜捨も怠らないことであり（御光章二四・三七）、また、啓典を読誦し、礼拝の務めを守り、アッラーから与えられたものからの施しを行うことが、失敗のない商売を願うようなもの（創造者章三五・二九）ともされる。

このように、言葉の意味から見ても、また聖句の前後の関係からみても、売買の形で法的に構成されていれば、いかなる売買であっても許されるということではない。売買が全面化しないこともまた極めて重要なのである。プロテスタンティズムの労働観では、労働力という商品の売買としての労働を、神からの召命（コーリング）として意味づけ、その世俗内的義務の遂行が、来世での幸せを約束するとした。それはまさに、神と直接的に向き合うための行為にではなく、失敗することを恐れなければならない労働に人々を駆り立てた。グローバル化を動かしている金融資本主義において、人々はもはや働くことすらしない。金融商品の売買にうつつを抜かし、その結果に一喜一憂する。

もしも、アッラーの名を唱念し、アッラーの書を読誦し、礼拝を行い、定めの施しを行うことを命じられている人々が、そうした本来の務めを忘れてしまうような状態を、イスラーム金融が引き起こしているのだとすれば、たとえ、利子の発生と取得についてのイスラーム法に適った形の解釈が生み出されたのだとしても、それは、決してアッラーの満足を得られるものではないのではなかろうか。

西側のイスラーム金融への注目は、いわゆるオイルマネーのみならず、中間層が育ちつつあるイスラーム圏の資金を自分たちの経済に吸い込むための窓口としての有用性によるところが大きい。無利子金融の背後に、ザカートを中心とする富の二次的還流によって支えられる経済の世界があることも、決して破産することのないアッラーとの取引が控えていることも知らないし、たとえ知っていたとしても、それと実態的な経済活動とが密接に連携すべきであるとは考えない。彼らには、唱念も読誦も礼拝も喜捨も命じられてはいないのである。このように信仰に対する無理解とそれによる信仰の矮小化こそが、破滅的な消費経済の隘路へといよいよ人々を迷い込ませる。財産と生命をすべて擲つ格好である。経済と倫理、現世的なものと来世的なもののバランスは完全に崩れてしまっている。

こうした状況にあって、イスラームの信仰者たちに求められているのは、グローバル化に巻き込まれるためにイスラームの教義や過去の法的な遺産との間に折り合いをつけることではなく、むしろ確固とした信仰に基づいて、現世的な利益の急激な膨張にも縮小にも囚われることのない、タウヒード的な新たなグローバル化の姿を提示することなのではなかろうか。

Ⅲ　新しいジャーヒリーヤのためのタウヒード論の必要

このように中正の共同体の教えたるイスラームとその実践が背負わされている課題は大きいが、ここで深刻なのは、先に指摘した信仰の矮小化や形骸化がイスラーム社会の内部をかなり蝕んでしまっているという実態である。たとえば、社会主義の体制とイデオロギーに支配されていた中央アジアにおいて、ソ連崩壊後に復興したのは、一部の信者たちによって細々と維持される形骸化したイスラームではなかったか。リビアで体制の転換が行われようとしたときに、見えてきたものは、対外的にも対内的にもイスラーム共同体のつながりではなく、血で血を洗うような旧態依然たる体制派と反体制派の、あるいは支配権をめぐる部族間の争いではなかったか。

信じるべきものが何であるのかを知りながらも、自分自身の欲望に囚えられ、目の前のさまざまな事柄に振り回される。あたかも彼らは、そうした事柄に全身全霊をもって仕えているかのようである。自分自身の空しい欲望を神とし、それに従う。イスラームの信仰のあり方とは最も遠いこうした状況が、イスラーム教徒の間にも蔓延し、現れているのだとすれば、それは新たなジャーヒリーヤ（無明）時代の到来と呼ぶことさえできよう。

かつて無明だったのは、マッカの不信心者たちであった。マッカ期の信者たちを見ればわかるように、信者は信者の生き方をし、不信心者は不信心者でしかなかった。だが、いまは、一部の信者の中に、明らかに無明に見える生き方をしている者たちがいる。信者が不信心者の生き方をしているかのようにしか見えず、しかもいけないことに、それが、信者の生き方、イスラームそれ自体として、グローバル化したメディアを通じて伝えられる。信者としての地道な日常を送っている者たちをよそに、イスラームが無知無明なものとしてしか広がらない仕組みができあがってしまっている。

この構造的とも言えるジャーヒリーヤ的状況をいかに打開していくのか。そのためには、マッカ啓示に通底する中心的テーマがそうであったように、またマッカにおける預言者ムハンマドのダアワ（イスラームへの信仰の呼びかけ）がそうであったように、タウヒードについてもう一度その意味するところを考え直す必要がある。そしてそのことによって、イスラーム教徒の現実とイスラームの教えとが混同されないような、つまり、イスラーム教徒の現実を相対化できるような視座を提示すると同時に、タウヒード的世界観は、現にイスラーム教徒であるか否かにかかわりなく、つまり、信じるか信じないかとは別のレベルで、すべての人々を包括するものであること、つまり否応なしに従わざるをえない側面があることを明確にしておく必要がある。

クルアーンの中に、アッラーは《最初の方》であり《最後の方》であり、《外に現われる方》であり、《内在される方》であるというアッラーの属性に関する啓示がある（鉄章五七・三）。最初の方であると同時に最後の方であり、表側にもいて内側にもいる。

「最初」と「最後」とは、時間的な前後関係を軸にしたときの言い方である。何よりも早くから存在し、すべてがなくなってしまってからも残り続けているという存在。何よりも早いとはどういうことなのであろうか。現在、ビッグバンによって宇宙が誕生したという説に則って時間を遡っていくと、約一四〇億年前にまで遡ることができる。ビッグバンの後10^{-23}秒までは遡れるとされる。このビッグバン以降の10^{-23}秒をプランク時間の壁といい、時間はその壁を超えることはできない。壁の向こう側では、強い重力にすべてが溶かしこまれていて、時間だけを取り出すことはできないのである。最初の方は、時間より先から存在していなければならない。

もちろん、アッラーはすべての創造者でもあるのだから、プランク時間の壁も通り越して、宇宙のはじまりより先からいなければならない。誕生後の宇宙は、爆発的な膨張を経てなお膨張を繰り返しているとされるが、終わりがないわけではない。物理学的には終わりがあると考えるほうが理にかなっており、宇宙の終焉は、何とかしてこれを回避したいものだとしても、その決定的な理論が見つからないことからもわかるように、やがて終わると考えておいたほうがよい。存在を不存在に移行するのもアッラーである故、もしも宇宙がなくなるということが起きる場合には、最後の方としてアッラーはそこに存在し続けることになる。

このように、最初の方で最後の方、存在を不存在に、また不存在を存在に変える御方であるところから、アッラーは、宇宙を包み込むような位置に存在していることがわかる。

「表側」と「内側」では、場所的な位置関係が軸になっている。素朴な日常感覚では、見えるものは「ある」とされ、見えないものは「ない」とされる。光に照らされ、光を反射するものは、「ある」とされるが、光の陰に入ってしまって見えないものは、「ない」のである。ところがアッラーは、表の御方であり、裏の御方でもある。すなわち、見えるものの世界の御方でもあり、見えない世界の御方でもある。

　また、宇宙との関わりでいえば、宇宙の外側を表とすれば、宇宙の内部が裏となり、アッラーはこの両方にいる御方ということになる。場所的な意味でも宇宙を包み込む存在である。アッラーの存在は、時空を通り抜けて、宇宙を包み込むと同時に貫き染み渡っているのである。

　見えないものには、陰になっているから見えないという見えなさではない、もう一つの見えない場が存在する。それは、光の速さより早いものの世界である。

　光は真空状態の中、秒速三〇万キロメートル進むと言われている。光速一定の法則が言われるほどの絶対的な早さではあるが、ここでは橋元〔二〇〇六〕に倣って、縦軸を時間、横軸を空間とする座標を取って、光の世界線を引き、時間軸の一秒を大きく、そして空

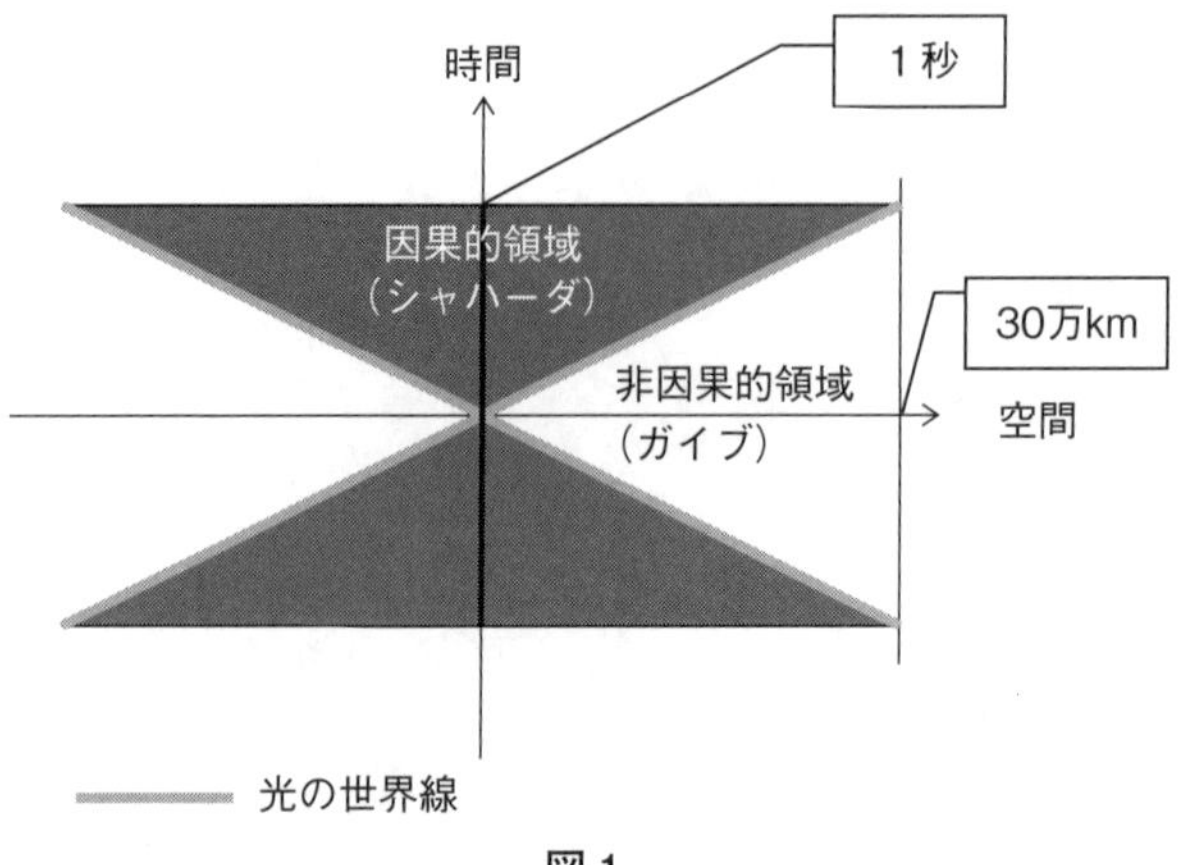

図1

間軸の三〇万キロメートルを小さく目盛れば、そこに光の速さより早いものの世界がぱっくりと口をあけているのに気づくことができる（図1）。通常人は、そのような座標軸で日常生活を暮らしているわけではないので、なかなか感じることができないが、そこにはたしかに光の裂け目が存在する。

この光の裂け目にあたる領域は、非因果的領域と呼ばれ、過去・現在・未来といった時間の流れに伴う因果関係にはなじまないため、物理学の世界では捨象される。また、まさに見えない世界であることから、明在系に対して暗在系と呼ばれたりもする。イスラーム的な用語では、現象界（シャハーダ）に対して幽玄界（ガイブ）と呼ばれる世界に当たると言えよう。アッラーの玉座、最後の審判、楽園や火獄など、人間の目には見えないが確かに存在するものが存する世界と見ることができる。

こう考えていくと、人は現世においても常に来世と隣り合わせて生きていることに気づくことができる。一歩踏み外せば、いつでも地獄の業火に落ちるのである。それを実際に味わわされるのが、死後の復活後であったとしても、実は、瞬時ごとに地獄の火を感じることは可能なのである。信仰心の強さとは、この文脈でいえば、光の速さより早い世界、つまり、ガイブが実際に見えているかのように生きることとも言い換えられるのでないだろうか。「地獄の業火に投げ入れられることを嫌うように不信仰の状態に戻るのを嫌うこと」（『サヒーフ　ムスリム』信仰の書）とは、信仰の素晴らしさを味わう三つのうちの一つであるが、このことは「地獄の業火」が見えているかのように感じられているということと見ることもできる。

楽園につながる一本のまっすぐな道たるスィラートゥ・ムスタクィームを踏み外して横道に逸れると確かに火獄に落ちてしまうのである。《スィラートゥ・ムスタクィームに導きたまえ》（開端章一・六）という願いは、この意味において、非常に切迫したものとさえ言いうる。

クルアーンにおいて、来世のこと、楽園や火獄のことは、動詞「カーナ」を用いて表現されることが多い。アラビア語動詞の時制が、過去・現在という時間の流れに即するのではなく、完了・未完了という動作が終結しているのか否かに即していることから、完了時制の中に、動くことのない真理を表す用法がある。来世・楽園・火獄といったことは、過去にあったのではないし、未来に起こるのでもない。常にそういうことなのである。光の狭間で常にわれわれを待ち受けている。アラビア語の時制は、そのこととも符合する。

そしてこうした世界をも照らし出してくれるのが《アッラーの光》であろう。この光は、不信心者たちがたとえどんなに望んでも決して吹き消すことができないとされるが（悔悟章九・三二、整列章三七・八）、光より早いものの世界を見ようとしない者たちには、そもそもこの光は見えない。見えない光を吹き消すことができないのは、当然と言える。

こうして、表面にもいて、内部にもいる御方としてのアッラーは、現象界のみならず、幽玄界にも存在する御方なのである。光の速さより遅いために見ることのできる世界と光の速さより早いために見えないものの世界も選ばずにいらっしゃる御方なのである。アッラーは、時間や空間のみならず、光の速さの境も超えて存在しているのである。

こうしたあり方をしている存在をもしも数えるとしたらいくつになるであろうか。〇か一であろう。「三」は論外と言わざるをえない。〇か一のいずれかと言えば、存在しているのであるから、〇はなじまない。よって「一」にしかなりえない。このあり方は、いくつかあるうちから一つを選んだ結果の「一」ではなく、「一」としてしか数えようのない、外に選びようのない「一」なのである。すべてを「一」とするというタウヒードに言う「一」とは、このようなあり方として表現できるのである。イスラームが、並存する複数の神の中から一つを選ぶ「単一神教」ではなく、まさに一つしか存在しえないものを神とする「唯一神教」だとされるのは、そういうことなのである。森羅万象はもちろん人間も、信じるかどうかは別として、この「一」なるものから逃れることはできない。

グローバル化の時代にあって、文明の衝突の危機や逆に文明間の対話の重要性が叫ばれ、そこでは、いろいろな意味で多元主義が言われ、多様性に目を奪われがちであり、イスラームもまた、多様性の一つとして位置づけられ、イスラームに好意的な者たちからは共存が、敵対的な者たちからは排除が叫ばれる。たしかに、イスラームにおいてもその宗教的伝統については、世界の宗教的伝統の多様性の一つを構成している。しかしながら、アッラーの存在は、そうした多様性をすべて貫き、また包み込んでいて、一つでしかない。多様性の重要性が認識されている時代であるからこそ、そうした多様性を支える基盤が求められる。アッラーは、人々を種族と部族に分け、言語も文化も別々のものとした御方なのである。

多元主義は、ジャーヒリーヤ的な神々の争いを導くが、「一」なるものがあれば、逆に多様性は守られ、生かされもする。新しいジャーヒリーヤたるグローバル化の時代こそ、「一」なるものを求めているとも言えるのではなかろうか。その意味でイスラームの側からのダアワとしてのジハードは欠くことができないが、イスラーム教徒が生命や財産を無駄にしていたのでは、ダアワは覚束ない。むしろ無知の引き起こす悪循環に陥ってしまうことは前に指摘したとおりである。

Ⅳ　主の忠実なしもべたれ

時空を超え、光の速さを超えて存在するアッラーは、時間や場所や状況に縛られることのない全知全能の創造主である。ある人間がいつ生まれ、どのように生き、どこで死んでいくのかといったことは、彼が誕生する以前からアッラーは御存知なのである。彼を誕生させ、生きさせ、やがて死なせるのも、すべてアッラーなのである。ただし、人間にはそのことが見えにくい。アッラーが明日の自分について何を御存知だったのかは、明日が終わってみなければ人間にはわからないからである。命を落としてみなければ、自分の死に場所はわからないのである。人間はそれを運命と呼ぶが、その運命を支配しているのが、アッラーということになる。そのことは、アッラーがすべての世界を包み込みかつ貫き通しながら、すべてを自らの意思のままに創造するという、その存在の仕方を想起すれば、あるいは納得のいくところかもしれない。

宇宙の向こう側にも、光の向こう側にもいながら、しかも頸動脈より近くにいる御方であり（カーフ章五〇・一六）、本当に従うべきなのは、いや、好むと好まざるとにかかわらず従わざるをえないのが、このアッラーであるはずだが、人間は、しばしば、この従うべき存在を見失っては、見当外れのものに仕え、従ってしまう。遭難しかけた船の上で必死に助けを請うたとする。この祈りはアッラーに届いて、救ってもらったにもかかわらず、無事に陸へたどり着くとそのことはすっかり忘れて、嵐の中船を沈ませなかった船長や、自分のために祈ってくれた家族や友人、あるいは自分の運の強さへの感謝に忙しい。しかし最後までアッラーに対する感謝はない。人間は「恩知らず」なのである（進撃する馬章一〇〇・六―八）。むしろ、荒れ狂った海に海の神を見出し、社を建て、それに祈り始めるかもしれない。

グローバル化の時代、人は欲望の海に漕ぎだして、荒れ狂うマネーの波と対峙する。溺れかかっているようにしか見えないのに、彼は助けを求めようとはしない。彼の使命は、できるだけ大きな波を捕らえてそれに乗ること。溺れてなどいられない。陸に上がったら負けなのである。マネーから干されてしまうことは死を意味するからである。仕事にそして消費に忙しいこと。これがステータス。波乗りをやめてしまった者は負け組の烙印を押され、マネーの世界から抹殺される。しかし、そんな命がけの波乗りをいつまでも続けられるわけがない。人は、忙しさの故に病み、やがてわずかな蓄えを使い果たし、自ら命を絶つことさえある。欲望を神とした者の末路とも言える。

ナショナリズムの時代ならば、国家や民族を神とすることの愚かさであったかもしれないが、グローバル化の時代では、国家や民族の力は相対的に弱くなり、個人の欲望、自分自身に対する愛が前面に押し出されるようになってきている。今こそ、欲望を神とすることの愚かさを知り、何に縋るべきなのかを知らなければならない。

お金は、たしかに石をパンに変えてくれるし、一晩で地球の裏側にも行かせてくれる。住む所もない人にぜいたくな暮らしを提供しもするし、社会的な地位も与えてくれる。お金さえあれば奇跡も思いのまま、神のように振舞い、神と崇められることさえできると思われるのかもしれない。たしかに、お金は自分を愛して、自分に向かって崇拝せよと言うがごときである。しかしながらその一方で、持つ者と持たない者を分け、人を路頭に迷わせ、飢えさせ、争いを引き起こし、石を武器に変え、人々を恐怖に叩き込むのもお金である。繁栄ももたらすが破滅ももたらす。しかもそれが汗して稼いだお金であると、くすねて盗んだお金であるとお構いない。どのように使われてきたのかをお金は自ら語りはしないからである。お金は聞きもしなければ見もしない。ましてや語りもしないのである。それがお金である。そんなお金に従うことはできない。

仕えるべき主を間違ってはいけない。従うべき主を見失ってはいけない。ここでこそ思い出さなければいけないのが、人間たちもまた人間たちの行いもすべてを創造されるアッラーの存在である。しかし人は窮地に追い込まれでもしないと、たとえ毎日祈りを捧げていたとしても、アッラーのことは忘れがちになる。

そこで求められるのが、ラッバーニー、つまりアッラーに直接的にかつ永続的に向き合う忠実な下僕になることである。それは、啓典と英知と預言者としての天分をアッラーからいただいた者が、アッラーではなく自分を崇拝せよと言うことではない。むしろそういう者こそが、一心に従うべきは自分ではなく、アッラーに他ならないと言うべきなのである（イムラーン家章三・七九）。もちろんお金は、自分を崇拝せよなどと言いはしない。人間が勝手に崇拝しているだけであるが、だからこそ自分たちが勝手にお金を崇拝してしまっているという現実を省みて、従うべきものはそこにはない、アッラーこそが従うべきものであると悟らなければならないのである。

至高なる御方は言う。《「あなたがたは、主の忠実なしもべとなりなさい。あなたがたが啓典を教えることによって、またそれを学ぶことによって。」と（言うべきである）》（同・七九）。ラッバーニーになるためには、啓典つまりクルアーンを教え、クルアーンに学ばなければならないのである。そのことによって、人は単なる下僕（アービドゥ）から忠実なる下僕（ラッバーニー）へと変わることができる。

ラッバーニーについて、これは具体的に知者、統治者、法学者などを指すとされるが、その意味は、主の忠実な下僕、純粋な下僕ということである。啓典と英知と預言者としての天分を授けられた者は、自分自身に対してではなく、あくまでもそれらを授けてくださった御方、すなわち主に対して、純粋に、忠実に下僕となれと言うべきということである。従うべきものは、一義的には預言者ではない。あくまでもアッラーなのである。

ラッバーニーであること（ラッバーニーヤ）は、シャリーアの一般的特質の筆頭に数え上げられるが（カラダーウィー〔一九九七〕八三ページ以下）、法学的な観点でいえば、立法者は預言者ではなく、あくまでもアッラーであることを、ラッバーニーヤは教えてくれている。統治する側についていては、たとえ預言者であったとしても、アッラーが下されるものによって裁判を行わない者は、不信心者（食卓章五・四四）であり、不義を行う者（同・四五）であり、主の掟に背く者（同・四七）なのである。統治される側については、アッラーとその預言者に従う者こそが、「栄える者」（御光章二四・五一）であり、アッラーと預言者に背く者は、《明らかに迷って（横道に）逸れた者》（部族連合章三三・三六）であり、偽信者たちは、「アッラーが下されたもの、また使徒のもとに来なさい」と告げられると、それを嫌って、背き去ってしまう（婦人章四・六一）のである。

つまり、そこには預言者でさえ従うべきルールが存在することになる。預言者が従わなければならないということは、預言者としての天分も与えられていない普通の人間たちや、そうした人間たちが作り出したもの、たとえば制度や組織などが従わなければならないのは当然である。このように、アッラーを立法者とする法体系にあっては、統治する側は自らを、統治される側は、統治者やその統治を評価する基準をもつことが可能になる。統治者や制度の如何にかかわらず、従うべきルールがあることが示されている。

現下のグローバル化においては、制度や組織を超えて真に従うべき法が完全に見失われているのである。グローバル化の制度や組織の淵源をたどっていくと、いわゆる近代法に行きつく。近代法の体系は、人間を立法者とする。つまり、世俗的な合理的精神がその立法の淵源となる。そこでは、宗教的なものが捨象された。教会制度は人間が作り上げたものではあるが、教会と同時に神までもが、近代からは見失われている。つまり、アッラーの教えが一切顧みられなくなっているのである。近代法体系において、人間は自らの理性に頼り、法の限界を定め、それが完璧なものと自賛するが、結局は人間の欲望に理性も法も支配され、完璧さとは程遠い。神のことは内心の問題に押し込められ、法のレベルに影響を与えぬよう隔離される。

近代法体系に関わるこうした特徴は、シャーティビー（ヒジュラ暦八九〇年没）が没落寸前にあって文化的爛熟を享受していた中世スペインのグラナダで指摘したビドゥアのそれと重なる。ビドゥアとは、スィラートゥ・ムスタクィーム、つまり来世における楽園に至るまっすぐな信仰の道からの火獄への横道への逸脱を意味する。アッラーを忘れ、理性に頼り、法の限界を定め、あるいはアッラーの法の完璧さを疑って、結局は欲望に囚われ、地獄の火に投げ込まれる。同じ逸脱でもビドゥアが犯罪と異なるのは、ビドゥアを行い、また従っている者たちに、法を犯しているという意識がないことである。合法的だと思ってやっているのに、正しい道からはどんどん逸脱して、火獄に至るのである。

近代法体系も、その延長線上にある現下のグローバル化のルールも、イスラーム法から見れば、ビドゥアということができる。ビドゥアに陥らないための最善の方途は何かといえば、それは、アッラーの絆にしっかりと縋り、決して離さないこと（イムラーン家章三・一〇三）。アッラーの絆とは、クルアーンであり、スンナである（クターダによる伝承）。クルアーンを教えることによって、またクルアーンを学ぶことによってラッバーニーになることは、ビドゥアの危険から人間とその社会を守り、またビドゥア的状況から回復するためにも必須なのである。

V　人間としての義務と全人を守る人権

イスラームでは、人間のことを「ムカッラフ」と表現することがある。「カッラファ」とは、義務を課すという意味であり、「ムカッラフ」はその受動分詞形にあたる。「ムカッラフ」とはつまり、義務を課された者を意味する。この場合、義務を課すのは、アッラーである。時空を超え、状況を超えて、常に人間の最も近くにいるアッラーを立法者とする義務である。信じると信じないとにかかわらず、また好むと好まざるとにかかわらず、人間はアッラーによって義務づけられていることになる。アッラーからの義務は、このように人間全体に対するものであり、それを実際に行うことを義務づけられるのが、信者つまりアッラーを信じる者たちである。信じない者たちにアッラーの義務を履行する義務はないが、それが彼らにとっても義務であることに変わりはない。天地にあるすべてのもの、太陽、月、群星、山々、木々、獣たちなどと同様に多くの人間はアッラーにサジダ（跪拝、平伏礼）する（巡礼章二二・一八）。信者ではなく多くの人々である。したがって、アッラーをイスラーム教徒として信じていない者であっても、アッラーへの義務に服して行動していることを示すものとも言える。

イスラームで義務と言えば、まず五行、つまり信仰宣明、礼拝、喜捨、斎戒、巡礼である。

これらの義務は、まさしく支配者の如何にかかわらず、体制の如何にかかわらず、一人ひとりの信者の意思と努力によって実践され続けるものである。近代的な国家体制のもとでは、これらの義務が国民の義務として命じられることはない。とはいえ、これらが歪曲化した形を見出すことはできる。国家支配者を絶対者とし、彼と彼の一族への忠誠を誓わされ、国旗の掲揚や国歌の斉唱を義務づけられ、公平とはいえない税金を課せられ、国家が引き起こした際の戦争では飢えを強いられ、場合によっては生命の犠牲を強いられ、博物館や美術館に出かけては、国民であることを刷りこまれるといった具合である。ここにも近代法体系の基本原則が据えられている。アッラー不在の人間による支配の体系。まさにビドゥアの名に相応しい。こうした体制にあっては、礼拝などの信仰行為は、矮小化し、形骸化を余儀なくされるばかりか、場合によっては、禁じられてしまうのである。

国際関係における国家の重要性が相対的に縮小しているグローバル化の時代にあっては、こうした国民としての義務の維持ではなく、人間としての義務の回復が考え直されなければならない。社会の持続性を支えるためには、国家だけでは十分とはいえず、社会が社会を支え、国家の連合ではなく、人々の人間同士の連帯が社会を支えていくような枠組が必要なのである。国家という社会を作り、強くしていったのは、歪曲化したアッラーの義務であった。そうであるならば、歪曲化していない、正しい意味でのアッラーの義務の履行には、国民同士ではなく、人間同士としてのつながりを醸成し、社会を生み出し、さらにそれを維持強化していく側面があると言える。

信仰宣明は、アッラー以外に神のないこととムハンマドはアッラーからの御使いであることを宣言する。つまり、従うべきは、時空を超え状況を超え光の速さも超えたところにいながらも自分に最も近いところで常に共にいる存在としてのアッラーであり、クルアーンはその存在からの啓示であることを共有するのである。預言者に従うのでもなければ、人間や人間の作ったものに従うのでもない。そしてその際に縋るべきは正邪の秤たるクルアーン。アッラーに従うと宣言しても、何によって従うのかがはっきりしていなければ、結局のところ連帯は実現しない。

礼拝は、一日に五回の軌道修正の機会。信仰のまっすぐな道をしっかりたどっているのか、ビドゥアに足を踏み入れていないかを省みては、修正を行う。《人を悪行から遠ざける》（蜘蛛章二九・四五）のである。また、集団で行う礼拝は、イスラーム社会の理想の縮図。規律と連帯の姿である。アッラーの前に人種、民族、階層、貧富、状況などによる差別はない。皆平等である。礼拝の導師が、もしも間違えれば、間違いを正すのが後ろで祈る信者の役目である。

喜捨は、富の自律的な還流。金儲けの上手な人と下手な人がいるのは世の常。稼いで余ったお金は、一定の割合を必ず、同胞の困窮者や貧窮者に施していく。人間としての最低限の義務である。この義務が本当にきちんと果たされれば、イスラーム社会からは貧困がなくなると言われる。ボランティアや善意によるものは、義務以上に施す場合に言われることである。

斎戒は、最も消極的な形の、しかし誰にでもできる貧困対策としての側面がある。一年に一カ月間、すべての人が一食を抜けば、その分は必ず誰かの口に入るというもの。また、空腹にともに耐え、斎戒明けの食事で喜びを共有する。社会の絆は自ずと強まる。

巡礼は、世界中のムスリムが一堂に会する機会。人種や民族、言語や文化、伝統や習慣の違いを乗り越えて、人間みな兄弟であることを実感する場となる。

このように信仰的な行為でありながらも、そこには、人間としてのつながりを醸成するような、社会的効用に満ちている。自分自身に気持ちがあれば、それ以外に何がなくても実践できるこれらの信仰的行為。その本来の社会的効用が取り戻されたとき、人間としての人間同士のつながりが取り戻され、イスラーム社会にいわゆるセーフティーネットを醸成することにもつながるのである。

この五行の他にも、基本的な義務の織り込まれた聖句に次のものがある。《正しく仕えるということ（＝ビッル）は、あなたがたの顔を東または西に向けることではない。つまり正しく仕えるとは、アッラーと最後の（審判の）日、天使たち、諸啓典と預言者たちを信じ、かれを愛するためにその財産を、近親、孤児、貧者、旅路にある者や物乞いや奴隷の解放のために費やし、礼拝の務めを守り、定めの喜捨を行い、約束した時はその約束を果たし、また困苦と逆境と非常時に際しては、よく耐え忍ぶ者。これらこそ真実な者であり、またこれらこそ主を畏れる者である》（雌牛章二・一七七）。たとえばこれらが神からの義務の典型的なものである。しかも、それが「ビッル」と名づけられている点も興味深い。正義と訳すこともできるこの語であるが、アドル（公平としての正義）やマアルーフ（周知の事柄としての正義）とは別に、いわば定言的な正しさ、他に変えることのできない掛け替えのない正しさという意味で正義を、確固とした形で内包するシャリーアの姿も明らかにしてくれる。

なお、ビッルについては、《ビッルとタクワー（篤信）のために助けあって、信仰を深めなさい》（食卓章五・二）とも命じられるが、「タクワー」に最も近いのが「アドルを行う」ことであるとされる（同・八）点に鑑みると、イスラーム社会においては、「ビッル」と「アドル」という二つの正義に則した協力こそ大切であり、この「正義」のための信者間の協力こそが社会全体の支えとなっていることがわかる。（なお、「マアルーフ」は、「善をすすめる」という形で、

「ビッル」に即した振舞いの重要な一部分をなす）。

　このようにシャリーアにおいては、各人がアッラーに命じられた義務を果たすことによって正義が実現され、幸福の獲得につながるという構成をもっていることがわかるが、義務だけが一方的に課されるのではない。そこでは権利もまた実現される。

　権利については、『あなたの主はあなたに対して権利がある。あなた自身はあなたに対して権利がある。あなたの家族はあなたに対して権利がある。すべての権利の持ち主に彼の権利を与えよ』（『サヒーフ　ムスリム』サウムの書）というハディースに端的に示されている。「すべての権利の持ち主に彼の権利を」与えることが命じられているのである。

　ところでイスラームの神学では人間を土からできた身体と五つの内面からなるものとする。「ナフス（自身）」、「アクル（理性）」、「カルブ（心）」、「ルーフ（魂）」、「シッル（秘奥）」である。人間に対して権利を与えよというときには、これらの一つひとつの権利が実現されなければならない。身体と身体的な欲望を発する部分であるナフスだけが守られればよいのではない。アクル、すなわち教育の権利も守られなければならない。しかしそれと同時に、カルブやルーフやシッルについても、それぞれの権利が実現されなければならないのである。

　先に言及した光の世界線との関わりで言うと、ナフスは、光の世界線の内側、つまり光の速さより遅い現象界の事象の中で、それとの連繋において働き、アクルもまた現象界の中の因果関係的な思考の受け皿となるが、カルブは、光の世界線の外側、つまり光の速さより早い幽玄界を感じることができ、ルーフは、幽玄界とつながることができ、シッルは幽玄界に溶け出すことができると言う。

現象界は、実に多様である。時間の感じ方一つとっても、一人ひとりでかなり違う。そもそも人は、状況によって一秒を長く感じることもあれば、短く感じることもある。一日二四時間とは言いながらも、人はかなりの程度で主観的な時間を生きている。同じ七〇年でも退屈で暇つぶしをしながらの人生だったという人もあれば、忙しくあっという間の人生だったという人もあろう。つまり、時間軸の目盛りは人により、状況によりまちまちなのである。

この時間軸の目盛りのみならず、時間軸上の事象――それが歴史としての過去であれ、夢としての未来であれ――を統一しようとするとそこには強制力が必要となる。ある国民が歴史を共有しようとするときそこに暴力が働き、ある民族が別の民族に歴史を強要しようとするときそこに戦争が起きることからも、歴史や未来の共有という意味での時間の統一もまた、神がもたらしたものというよりむしろ人間が作り出したものなのであり、したがって無条件に従うことのできるものではない。約束の時間は守らなければならないが、時間軸の統一は、アッラーほどの普遍性を有してはいないのである。つまり、光の世界線の内側にのみ着目して、身体、ナフス、アクルを守ったとしても、人はつながることができず、したがって、それだけでは、人間を守ったことにはならない。

そこでむしろ共有できるのが、幽玄界のほうである。人に心（カルブ）がある限り、アッラーからルーフが授けられている限り、人はこの領域を感じ、この領域とつながり、場合によっては溶け出すことも可能なのである。光の世界線の内側にある世界のさまざまな差異を乗り越えて、すべての人々のつながりの淵源になりうる。たしかにこの領域は、光の裂け目にあって目には見えない。しかし、人が心を開くことができれば、魂の光が心の裂け目から発散して、自分自身の前後に折り重なり、また空間を埋め尽くしているルーフたる天使たちを媒介に、すべての人々とつながることができるのである。現象界において血や地あるいは共通の利益によって結び付いた人々のつながりを「小さなわれわれ」と呼ぶのであれば、そこには、「大きなわれわれ」ともいうべき人々のつながりを想定しうる。それは、ルーフを媒介とした、これまで生きた人々も、これから生まれてくる人々もすべて合わせた、すべての人々とのつながりである。

権利との関わりでいえば、カルブやルーフにはこうした権利があることになる。「すべての権利の持ち主に彼の権利を」はここにも及ぶ。ルーフはそもそも人間を人間たらしめる要素でもある。人間であるというただそれだけの理由で守られるのが人権の理想であるとするならば、ルーフの権利の実現はその必須要件である。こうした権利が実現されたときにはじめて、一人の人間のレベルにおいても、また人類全体のレベルにおいても、より包括的な人権が守られ、実現されることになる。

こうして、体制や統治者の如何にかかわらず、アッラーによって命じられる人間としての義務と、人間であるというただそれだけの理由で守られる人間としての権利が、制度や組織に待つのではなく、一人ひとりの努力によって実現されれば、そこには、まさにグローバル化時代の変化にも耐えうる持続的なガバナンスが踏み固められていくのではなかろうか。

Ⅵ　むすびにかえて

イスラームの教えは、現世での成功と来世での至福の両方を目指す。先行する一神教であるユダヤ教が現世志向であり、キリスト教が来世志向であることと考え合わせると、これら三つの教えの間には、冒頭にも指摘したとおり、ユダヤ教を正（テーゼ）、キリスト教を反（アンチテーゼ）、イスラームを合（ジンテーゼ）とする弁証法的な関係を見て取ることができる。

ここまで見てきた売買の基礎の話にせよ、人権の話にせよ、既存の理論なり法規定なりは、現世的なものの範囲にとどまっている。当事者の意思が合致していれば原則として認められる売買、人間としていかによく生きるかというよりも、生物的個体としていかに生き残るのかに重きを置かれている人権論など、現世的なるものを基礎にし、あるいは現世内での成果を目標としている。一般に法制度もその運用も見えるものの世界にとどまっているのが現状である。

地球全体でのエネルギー不足の深刻さが対数関数的に高まっている現状の中で、エネルギーを多く消費することが幸福に直結するという、人間およびその社会のあり方に対する抜本的な見直しが迫られている。世界中の人々がいわゆるグローバル化の勝ち組のようなライフスタイルを目指せば、地球のエネルギーがたちどころに枯渇することは想像に難くないし、エネルギーを安定的にかつ比較的安価に供給しようと原子力発電に頼れば、短期的には二酸化炭素の排出量削減にはつながるかもしれないが、長期的には、地球の破滅の危機を抱え込むことにもなる。足せば増え、二乗すれば場所を取る実数的な世界にすべての人間の幸福を求めることがいよいよ厳しくなってきている。

そうした状況の中では、幸福の在処を幽玄界、すなわち光の速さより早い領域に求めていく他はない。そこでは、足しても増えず、二乗すればマイナスになる。そこでは奪い合いもなければ、幸せから零《こぼ》れることもない。先の見えない自粛の中で、いつ自粛をやめるのかに気を揉むのではなく、自粛する余地のある生活は、人間としての限度を超えた生活だったのではないかを反省し、幸福の在処を見つめ直す。ナフスは、いくらでも喰らい続け満ち足りるということがない。ナフス的な幸せからルーフ的な幸せへのシフトが求められている。

かつてモーセが十戒を授かって民のもとへ戻ってみると、彼の民たちは金色の仔牛を祀ってそれを崇拝していた。彼は激怒した。ようやく怒りが収まると、彼は仔牛を崇拝していなかった者の中から七〇名をつれて、神に謝りに出かけた。ところが、約束の場所に着くと、この七〇名が、「神の声が聞きたい」とモーセに迫る。モーセが呼ぶと山全体が雲に包まれて、七〇名は、モーセが神と話しているのを聞く。すると、次は「見たい」と言い出す始末である。これには神が怒って、彼らは天からの火に襲われ焼かれてしまう。彼らが死んでしまうとモーセが起き上がり、アッラーに泣きながら訴える。「イスラエルの民になんと言ったらよいのでしょうか。あなたは、最善の者たちを滅ぼしてしまったのです」。モーセは彼らの復活を祈り、一昼夜して、アッラーは彼らを再び生かしたのである。（雌牛章二・五五、五六、サーブーニー『サフワ』などの注釈）。

そしてアッラーに対してモーセが《「またわたしたちのために、現世でも来世でも、幸福を授けて下さい。本当にわたしたちは改宗してあなたのもとに戻ってきました」》(高壁章七・一五六)と懇願したとき、アッラーはその教えを《文字を知らない預言者、使徒に追従する者たち》(同・一五七)、つまりムハンマドとその信徒たちに授けると仰ったのである。

現世的幸福を目指そうとするユダヤ人性は、グローバル化下の人々の心の中にも巣食っている。アラビア語でユダヤ人のことをヤフードと言い、これは、正しい道に戻ったという意味の「ハーダ」の語の未完了形にあたる。この表現に端的に示されているように、ユダヤ人とは、「正しい道に戻っている」あるいは「戻るかもしれない」人なのであって、「戻った」人ではない。つまり、現世志向を引きずり続ける者たちのことなのである。

そうであるからといってユダヤ人性を嫌って、救世主を待ち続けるだけでは、現世での幸せは訪れない。預言者ムハンマドの登場によってイスラームの教えがもたらされ、現世と来世の両方の幸せを目指す宗教は完成した。それから一四〇〇年近く経ったが、なおいかにユダヤ人的な成功を手にするのかの主義主張、原理原則が跋扈しているグローバル化の世界。宗教の教えのみならず、まさにその実践の部分で、正しい信仰を取り戻し、広めていくことが求められているとするならば、その担い手は、預言者ではありえない。それは、最後の預言者を通じて教えを授かった一人ひとりの信者なのである。

国家、会社、社会、民族、種族に、あるいは、権力や財産や子孫に、さらには自分自身の欲望や感情に飼いならされる家畜化の時代に、人間としての義務の実践と、人間としての権利の実現を通じて、分け隔てのない高い人間性を取り戻すことができるのは、イスラームの信仰の持ち主をおいて他にない。人類大で享有されるべき現世と来世の双方での幸福の実現を目指して、イスラームの信仰と法、そしてその実践が、このグローバル化の時代に担う役割とその責任は大きい。

参考文献

『日亜対訳・注解 聖クルアーン』改訂版第六刷、日本ムスリム協会編、二〇〇〇年。

奥田敦〔二〇〇五〕『イスラームの人権』慶應義塾大学出版会。

奥田敦〔二〇一〇〕「イスラーム契約法の基礎」『沖縄法政研究』第一三号。

グレッグ・バラスト〔二〇〇三〕『金で買えるアメリカ民主主義』角川書店。

佐竹重治・野呂瀬和樹〔二〇一〇〕「ドバイ・ショック後の中東湾岸経済」*NRI Knowledge Insight*, 二〇一〇年七月号。(http://www.nri.co.jp/opinion/k_insight/2010/pdf/ki20100704.pdf)

田島英一・山本純一編〔二〇〇九〕『協働体主義』慶應義塾大学出版会。

野村亨・山本純一編〔二〇〇六〕『グローバル・ナショナル・ローカルの現在』慶應義塾大学出版会。

橋元淳一郎〔二〇〇六〕『時間はどこで生まれるのか』集英社。

カラダーウィー、ユースフ〔一九九七〕『イスラームのシャリーア研究入門』ベイルート、ムアッササ・リサーラ（アラビア語）。

シャーティビー、イブラーヒーム・ブン・ムーサー『イアティサーム』ベイルート、ダール・キターブ・アラビー（アラビア語）。

奥田　敦（おくだ　あつし）

一九六〇年、神奈川県生まれ。中央大学法学部卒、中央大学大学院法学研究科博士後期課程修業年限終了退学。法学博士（中央大学、二〇〇五年）。現在、慶應義塾大学総合政策学部教授、アレッポ大学学術交流日本センター副所長。専門はイスラーム法およびその関連諸領域、ガバナンス学、アラビア語。著書論文：「シャリーアの包括性について─生命への信奉を超える法体系」『生と死の法文化』眞田芳憲編、国際書院、二〇一〇年、四三─七八ページ。「イスラーム的市民社会論と「公」の概念」『協働体主義』田島英一・山本純一編、慶應義塾大学出版会、二〇〇九年。「アラビヤ語の媒介性について」『媒介言語を学ぶ人のために』木村護郎クリストフ・渡辺克義編、世界思想社、二〇〇九年。『イスラームの人権─法における神と人』慶應義塾大学出版会、二〇〇五年。『イジュティハードの門は閉じたのか』ワーイル・ハッラーク著（編訳書）、慶應義塾大学出版会、二〇〇三年。『フサイニー師「イスラーム神学五〇の教理」─タウヒード学入門』（訳／著）慶應義塾大学出版会、二〇〇〇年。参考（細かいデータは以下のURL）https://vu9.sfc.keio.ac.jp/faculty_profile/cgi/f_profile.cgi?id=19489ebf8688d78

現代社会とイスラーム——イスラーム信徒少数派社会、日本

四戸　潤弥

目　次

はじめに

世界をイスラーム教徒の国と非イスラーム教徒の国、前者を「イスラームの家（ダールル・イスラーム）」と呼び、後者を「戦争の家（ダールル・ハルブ）」と呼んで分ける方法があるが、

現代においては、イスラーム教徒が圧倒的多数を占めるイスラーム諸国と、イスラーム教徒が少数派の諸国に分けるのが適当である。それは非イスラーム諸国に多くのイスラーム教徒が暮らしているし、逆も多く見られるのが現代の特徴であるからだ。

ところで、この二つの社会は次の三項目の基準に分類すると、自ずと、国際社会を前提として、その社会でのイスラームのあるべき姿が、あるいは目標が明らかになってくる。

一、イスラームが公的宗教であるかどうか（宗教の公認と支援）

二、イスラーム教学が発達し、人々がその教養を共有するまでになっているかどうか（教学と宗教文化の豊かさ）

三、宗教儀礼ばかりでなく、世俗的生活において、神の導きを得て、それを指針として生きていくために法学が発達しているかどうか（世事における神の導き）

これらを詳しく表にすると次ページのようになる。

例えば、少数派の日本では、イスラームが日本人の信仰する宗教の一つとして公認されることを第一目標とし、次に公的機関の支援、それによる社会的信用の確保が第二目標となる。

第一目標は宗教法人法において認可されているからすでに達成しているので、公的機関の信頼を得ることにより、一般日本人から信用されることを第二目標とする。

社会	イスラーム多数派社会 イスラーム少数派社会
教学の相互理解貢献	＊少数派社会：多数の非信徒との相互理解、宗教文化の共有 ＊多数派社会：少数派非信徒、および国際レベルでの非信徒との相互理解、宗教文化の共有
法学と環境原型との違いの構造的理解	＊世事での神の導きの模索 ＊原型：初期イスラーム社会の産業構造、自然環境の理解と、そこで法判断と法制化 ＊法判断（神の導きを求める）適用：信徒の生きる社会の産業構造、自然環境の理解、原型との統合的理解、取捨選択

次に教学の発達により、イスラームの言葉や解釈などが、非信徒であっても人生を豊かにする教養にまでなる。仏教やキリスト教の場合には、非信徒であっても、この二つの宗教の知恵や人生への深い洞察を知ることで社会生活を豊かにできるまでになっている。つまり、日本人の教養の一つになるまで普及している。文化や教養の一部となっているので、信徒と非信徒の相互理解が容易である。イスラーム教学は発達していないので、イスラームはこれを目指すことが必要となる。

法学は世事に関して神の導きを得るためにあるが、それを深めていくことで、日本人の伝統的生業である農業とそれを基礎とした社会と、イスラーム初期の生産のない商業交易社会との違いを理解しなければ、日本での正しい法判断ができないことを知る。こうした違いが、マッカとマディーナの、マッカとイスラームを受容した農業社会イラクの法学に違いを生じさせたことを知り、日本での法判断の特殊性が正しいものであることを確信して、神の正しい導きを得ることができるとの希望が生まれる。

全体として、イスラーム少数派社会である日本の信徒が世界のイスラーム諸社会の発展に寄与する、あるいはイスラーム諸国と非イスラーム諸国との間の平和に貢献できるようになることが期待できるのである。

本稿では、前記の視点を切り口として、イスラーム少数派社会である日本を検討している。それは日本のイスラーム史ではなく、日本は前記の視点でどの類型モデルになるかを検討するものである。

I　日本のイスラーム伝来

はじめに

一九三九（昭和一四）年、宗教団体法（全三七条）が公布され、第一条「本法ニ於テ宗教団体トハ神道教派、仏教宗派及基督教其ノ他ノ宗教ノ教団（以下単ニ教派、宗派、教団ト称ス）並ニ寺院及教会ヲ謂フ」の中の、「其ノ他ノ宗教」にイスラーム（教）は含まれることになり、事実上、公認の宗教となった。

本稿は、この宗教団体法の成立をもって、「日本のイスラーム伝来」の時期と規定する。

1 日本のイスラーム伝来

日本の歴史上、外来宗教の伝来は三度だけである。[1] 最初が西暦五三八（戊午）年[2]の仏教伝来、次が約一〇〇〇年余の後の一五四九（天文一八）年[3]のキリスト教伝来、そして三度目がそれから約四〇〇年弱後の一九三九年[4]のイスラーム伝来である。

2 伝来の定義

伝来の辞書の定義[5]は、「外国などから伝わってくること。渡来。代々受け継いで伝えること。相伝。」となっている。宗教ばかりでなく、外国の文物なども含まれ、「鉄砲伝来」、「漢字伝来」、「稲作伝来」などがあり、これらは、その後代々承継されていったものである。

ところで外来宗教の伝来に限っていえば、「公伝」の意味が含まれない場合には「伝来」とならない。それは前記の仏教、キリスト教、そしてイスラームの伝来に関しては中央権力、地方権力の別はあるが公的権力による許可、あるいは承認が含まれているからだ。仏教は紀元前五〇〇年前に、キリスト教はイエスの死後の紀元一世紀中頃の弟子たちの運動に、そしてイスラームはアラビア半島の商業都市マッカの商人ムハンマドが唯一神であるアッラーから御言葉（聖霊）を天使ジブリール（ガブリエル）を通じて受け取ったとされる紀元六一〇年に起源を有する。したがって、海外に渡航した日本人が前記の伝来の時期より遥かに早い時期にそれらの中のどれかと出会い、入信した可能性はある。帰国後もその信仰を維持していたこともあるだろう。だが、そうした私的レベルでの信仰を伝来とは呼ばないのだ。仏教を例に取っても、朝鮮半島からの渡来人たちの中には、仏教伝来よりも早い時期から氏族の宗教として仏教を信奉していた者がいたことが伝えられているが、私的レベルに止まっていたので伝来とはならなかった。社会的宗教運動、あるいはは中央、地方どちらのレベルであれ、一定領域の統治者や社会の許可や承認などが行われていない場合には伝来とならない。

3　外来宗教（仏教、キリスト教、イスラーム）伝来概略

外来宗教の布教が許可される、あるいは承認されても、外来宗教の布教が順調に進み、拡大し、その地域での信徒の数が増大して支配的宗教にまで発展する保障はない。仏教、キリスト

教、そしてイスラームは外来宗教として日本で公的な布教が認められたが、その時の認可の事情や背景、その後の発展などは異なっていた。

仏教

仏教は蘇我氏が私的レベルで信奉していたが、蘇我氏の政治力が朝廷で増していくに従い、仏教の勢いも盛んになっていった。同時に仏教とともに、学問や国家統治制度なども輸入され、日本の文化を盛んにしたし、行基などの僧侶が社会土木事業を行い、大いに民を助けた。また仏教受容によって日本の東アジアでの国際的地位は高まったといえる。その後、仏教は広大な敷地の寄進を受け、寺領において僧侶以外の多数の人々を使役し、勢力も盛んになり、それに従い政治力を増した。仏教徒の政治的影響力から逃れるため、朝廷は奈良の平城京から京都の平安京へと遷都までした。しかしながら奈良の仏教徒の勢力を回避しても、京都の新しい仏教徒の勢力は次第に政治力を蓄えていった。こうした状況は三〇〇年余も続いたが、平氏などの武家が台頭すると仏教勢力に対抗する力となっていった。鎌倉、室町時代には武家の権威も確立し、仏教の政治的力にも一定の枠が嵌められた。

キリスト教

そして戦国時代にキリスト教が伝来すると、織田信長は布教を許したが、それは入洛した信長に反発した石山本願寺や比叡山延暦寺、それに加えて伊勢長嶋の一向一揆対策に苦慮していたからである。こうした事情が、キリスト教伝来の日本の背景にはあった。しかしながら、キリスト教伝来は西欧の大航海時代にあたり、領土拡大の時代でもあった。一五八七（天正一五）年に島津氏を征伐した豊臣秀吉は、九州大名たちがイエズス会に土地を寄進している状況を知った。当時、スペインやポルトガルは世界で領土を拡大していたため、日本の支配層の警戒心を呼び起こさせた。西欧の文物は技術的に優れたものがあったが、国防と安全保障のために同年、切支丹禁令を発した。秀吉の後、幕府を開いた徳川家康は岡本大八事件を契機に秀吉の政策を国策として継承し、一六一二（慶長一七）年、切支丹禁令と、宣教師国外追放令を発布した。

仏教という外来宗教伝来において、日本では学問が輸入され、社会土木事業が行われ、律令体制も確立した。そして日本の国際的地位を高めた。その反面、僧侶勢力が政治力を拡大する結果を招いた。

キリスト教伝来においては、鉄砲など西欧の文物が輸入されたが、他方、九州では教会への土地寄進が行われた。それが大航海時代であったため、秀吉、家康は切支丹禁令を発し、それが江戸幕府の国策となり明治になるまで続いた。切支丹宣教師が追放された後の日本の状況には変化が起こっていた。仏教勢力の基盤であった荘園制度は崩壊し、日本の領土は大名たちの間で分割統治されるようになっていた。武家は仏教勢力を統制できるようになっていた。そのため、江戸時代に切支丹でないことを証明する寺請制度ができて、人々は寺証文をもらった。やがてこれが檀家制度となり、一六八七年の幕法によって、檀家の責務（檀那寺参詣、年忌法要、寺付け届け）などが定められ、寺と日本人との関係は幕府の政策のなかで深められた。これは、外来宗教が日本人に浸透するためには、やはり支配者の力が必要であったことを証明するものである。これ以後、約二〇〇年の間、仏教は檀家制度と共に日本人の宗教となったが、その歴史的背景が切支丹禁令にあったことは、その後の仏教のキリスト教に対する立場を規定していくことになった。一六世紀にスペインやポルトガルなどの大国は姿を消し、英仏露蘭米などの西欧諸国がアジアを植民地化していった。そして日本への開国要求は強くなっていった。これらはキリスト教国であり、日本にとってキリスト教伝来の再来であった。スペイン、ポルトガルは去ったが、進出してきた西欧諸国はキリスト教国であったため、まず仏教が破邪論を掲げて反キリスト教的立場を示した。しかしながらキリスト教禁令は純粋に宗教的なものではなく政治的なものであったため、仏教との教義論争は盛んにならなかった。だが政治的なものであったため、それも国防と安全保障のためであったことから、僧侶に代わって昌平黌の儒官たちが反キリスト教の立場から破邪論を展開していった。迫りくる開国要求の中で、昌平黌の儒官たちは外交参与となっていたため、輸入した国際情勢を伝える漢籍を自由に閲覧できる立場にあった。さらに西欧の書籍を翻訳した漢籍から、西欧事情について精通することになった。

このように外来宗教伝来において、仏教とキリスト教では事情がまったく異なっていたのである。仏教伝来では起こらなかった外国勢力による領土拡大問題が、キリスト教伝来では起こっていたのである。

当時、幕府の外交参与であった昌平黌の儒官らは、西欧の中国に対する侵略状況を輸入した漢籍から把握しており、英仏、露米のアジア侵略の動き、とくに阿片戦争による領土割譲情報も詳細に知っていた。西欧列強のアジア侵略の姿は、二〇〇年余前のキリスト教伝来時のポルトガルやスペインの対外進出の再来として映ったことだろう。儒官の反キリスト教の破邪論は、一六世紀の切支丹禁令となり江戸幕府が継承した国策としての切支丹禁令の枠の中でのものであった。その目的は反キリスト教教義ではなく、「国防」と「領土の保全」が主たるものであり安全保障論であった。

儒官安積艮斎《あさかごんさい》（一七九一－一八六一年）は、幕府の外交参与として外交文書を起草した人物である。彼は漢籍に通じ、中国から輸入された漢籍の最新情報を閲覧できる立場にあった。彼は新井白石（一六五七－一七二五年）のイタリア人宣教師シドッチ尋問所見も知っていた。外来宗教伝来問題は日本の歴史を通じて三回のみである。二度目のキリスト教伝来での対応が日本人の外来宗教警戒感を形成したが、ここでは反イスラーム論は起こらなかった。国防と安全保障問題と関係がなかったため、情報として止まったのである。

イスラーム

キリスト教伝来の後、約四〇〇年後の一九三九年のイスラーム伝来まで、日本人にとってイスラームはどのようなものであったのだろうか。簡単にいえば、明治期まで、イスラームは漢籍に記載されたキリスト教動向とともに記されたに止まる。

昌平黌儒官であった安積艮斎の『洋外紀略』の中で、キリスト教を妖教と規定しているが、イスラームについては世界四大宗教の一つであり、アラビア国マッカのムハンマドによって始まり、アジアのインドまで拡大したことが述べられている。儒教を含めて世界四大宗教の一つとして認識されていたのである。

「天下四大教焉、一曰儒、二曰仏、三曰天主、四曰回々。(6)」

一九三〇年代に起きたイスラーム受容の検討の頃まで、イスラーム認識は知的レベルに止まっていたことはすでに述べたとおりで、日本人にとってイスラームは切支丹禁令を国家政策とした江戸幕府の外来宗教観の延長上にあった。それは、キリスト教に対する江戸幕府の昌平坂学問所の儒官による反キリスト教の「破邪論」の中で、おまけのように「イスラーム」が添えられていた。

キリスト教に対する破邪論は、切支丹禁令事情と仏教の関係から僧侶[7]によるものが多い。幕末の徹定[8]、龍温[9]、月性[10]などの僧侶のそれである。しかし破邪論は宗教教義論争ではない。それは国防論であり、安全保障論である。そこには現代日本人の外来宗教に対する態度の祖型を見ることができる。

このようであるからイスラーム伝来は歴史的流れの中で、キリスト教に対する破邪論の系譜の中に位置づけられる運命にあったといえよう。

当面の目的は開国を迫る西欧列強の脅威に対する安全保障論であったため、また当時のイスラームには戦争による領土拡大の動きがなかったため、イスラームは知的情報として認識されるにすぎなかった。しかし安全保障としての破邪論は明治期も継承され、日本の国防と安全保障論の中で生きつづけた。したがって、アジアでの西欧との対立と衝突はその後の歴史を見るならば運命ともいえる。

　アジアに西欧に対抗できる独立国が皆無ともいえる中で、単独で独立を維持したアジアの中の日本は、西欧に侵略されないためにキリスト教を受け入れ、法を整備し、西欧から独立国として承認されるため不平等条約撤廃を最初の外交目標とした。一八五八（安政五）年の日米修好通商条約などの安政五カ国条約締結から約五五年後の一九一一（明治四四）年に関税自主権を回復して不平等条約撤廃が成就した後も、アジアにおいて独立した国は日本以外ではタイのみであり、その他のアジア諸国は西欧の植民地化支配下にあった。それより先、日本自身も一八九四（明治二七）年の日清戦争において清国に勝利した結果、翌一八九五年の下関条約によって台湾は日本へ割譲され日本の植民地となった。一九一〇（明治四三）年、「韓国併合ニ関スル条約」によって日本は大韓帝国を併合して朝鮮総督府の統治下に置いた。日本の領土拡大は、他宗教の民を日本国臣民として組み入れることになり、宗教対策、民族対策も統治問題として重要性を帯びるようになっていった。そして一九三一（昭和六）年に柳条湖事件が起こり、満州事変へと拡大していった。日本は満州全土を占領し、同地域を中華民国から独立させ、一九三二（昭和七）年、満州国が建国された。多民族国家となった日本にとっての宗教問題の一つは中国人イスラーム信徒への対応であった。これは国策であったが、それ故に否定されることではない。対応を誤れば国難は必至であったからだ。日本の敗戦と中華人民共和国成立以後の歴史を見れば、漢人支配に対する中国少数民族問題は高度な国家レベルの内政問題であり続けたし、現在もそうである。本稿では、日本のこうした動きに関しての是非論には立ち入らないが、明治期の日本の対外政策は、西欧のアジア植民地支配と無関係だとはいえないだろう。インドを一六世紀初頭頃から英国が、マレー半島地域を一六世紀初頭からポルトガル、オランダ、英国が侵略していくなど、アジアの全域が英仏蘭米の植民地となっていった。欧米諸国がアジアを植民地化しなかったなら、あるいは中東・北アフリカを英仏が植民地化しなかったなら、また中国を列強と日本が分割することを前提として争わなかったなら、明治以降の日本の対外政策も変化を受けていたことは間違いない。さらにキリスト教伝来以来の日本人の外来宗教に対する「破邪論」的立場は変化していたろう。しかし歴史的事実はそうでなかった。だから、日本が支配しようとする満州国のイスラームを信仰する民族に的確に対応するために、またロシアのボルシェビッキ革命から亡命したタタール人のイスラーム信徒を支援し、それによってイスラーム諸国に対し、日本におけるイスラーム信仰の受容が行われたことを証明して、イスラーム諸国との友好関係を確立し、西欧に対抗するためにも、日本ではイスラーム受容の検討が行われたということができる。これは、日本の外来宗教伝来への対応といえるのである。仏教伝来も、キリスト教伝来も、純粋な信仰とは言いきれない部分がある。伝来の判断基準、あるいは確定基準は、日本の支配者が外来宗教の布教を認めたかどうかが重要な点であるからだ。宗教における「伝来」という語は、「公伝」と同じ意味である。最初がどのようなものであっても、「伝来」、あるいは「公伝」となった以後は、日本人信徒の出現は予想された。

仏教伝来、キリスト教伝来、そしてイスラーム伝来は受容事情やその後の発展は異なっていたが、それらに共通していることは、①純粋な信仰問題ではなかったこと、②国家、社会の必要性、③国家の国際的地位の向上、④国防、あるいは安全保障問題などの要素である。

イスラーム伝来の機熟す

本稿では日本のイスラーム伝来を一九三九年に公布された宗教団体法の時期とするが、それは冒頭に述べたとおりである。一九三〇年代の頃になると、日本でもイスラームが公認される環境が整った。

宗教団体法の宗教としてイスラームが明記されるためのロビー活動が亡命タタール人や、それを支援する日本の国粋主義団体よって行われた。[11] 一九三八（昭和一三）年に大日本回教協会が設立され、初代会長に就任したのが予備役の陸軍大将の林銑十郎元首相であった。同年にロシアのボルシェビッキ革命から逃れたタタール人たちと日本側の寄付によって日本で二番目のマスジドとなる東京モスクで東京回教学院が開設された。東京モスクの落成祝賀ではイエメンのサイフル・イスラーム・フセイン王子が訪日した。翌年には宗教団体法が成立し、イスラーム信徒と日本の国粋主義者たちのロビー活動もあってか、同法で「其ノ他ノ宗教」に分類され、宗教法人格が許可された。これより先の一九三五（昭和一〇）年、神戸在住の在日イスラーム信徒を中心に日本最初のマスジドである神戸ムスリムモスクが建設された。

有賀文八郎（イスラーム信徒名アフマド）も、この時期に至って機が熟したとしてイスラーム宣教活動を行っている。[12] 彼は大隈重信にイスラーム布教支援を求めている。またアフマド有賀は北一輝らとともに宋教仁を通じて孫文を支援するなどの活動も行っていた。

日本の陸軍、政府系機関、そして財界などが、イスラーム布教活動を支援した。宗教団体法でキリスト教のように明示はされなかったが、「其ノ他ノ宗教」としてイスラームは社会宗教活動を行う宗教として公認されたのである。

神戸などで貿易を営んでいた在日イスラーム教徒、またロシアのボルシェビッキ革命から逃れた亡命タタール人たちなどにとってもイスラームの公的承認は好ましいものであった。

国策であったことは非難の理由とはならない。仏教受容では日本は東アジアで国際的地位を確立したし、キリスト教伝来では西欧の技術導入の利点も考慮し、反対勢力であった仏教勢力を牽制することも念頭に置いた織田信長の宣教許可があった。伝来、あるいは公伝の歴史的事情は信仰の面だけで論じられるものではない。なぜなら国民の信仰となるためには、伝来、あるいは公伝という準備段階が必要であったといえるからだ。

このようにイスラーム受容の検討は、仏教伝来とキリスト教伝来という歴史的文脈の中で位置づけるようにして公的レベルで検討された。

4 現代日本社会のイスラーム

現在、日本にはイスラームが日本人の信仰する一つの宗教として存在していることは、いろいろな点から指摘できる。イスラームを外国人の宗教、あるいは在日外国人の宗教と思っている日本人が多くいることを否定しないが、日本人の宗教として公的に承認されているのである。

例えば、宗教法人格を取得した日本人イスラーム信徒の団体組織である「日本ムスリム協会」(一九五二年設立、一九六八年宗教法人格取得)がある。

また日本人への布教を第一目的としたサウジアラビアの世界イスラーム連盟(ラービタ)の下部組織である「イスラミックセンター・ジャパン」(一九六八年設立、一九七五年再組織化、宗教法人）がある。これは外国の宗教団体で、イスラーム諸国も含めて世界各国に設立されている。しかし運営の基本は、その国の信徒に運営を任せることに特色がある。つまり日本人信徒を前提とした組織という点で、他の在日外国のイスラーム宗教組織とは異なっている。

ただ日本においては一九六八年頃にはアラビア語に精通し、クルアーンやハディースを自在に駆使して、具体的な日常生活の指針となるファトワ（法的意見）を提示できる日本人信徒がいなかったため、設立当初の運営は日本語が堪能で、日本の事情に詳しいアラブ人やパキスタン人などイスラーム諸国の留学生たちが理事として行っていた。同団体は、日本人信徒の運営参加者を常に探していた。『日本イスラーム史』の著者である小村不二夫はラービタの宣教師として同センターで活動していたが、前記のような能力を身につけていなかった。ハーリド木場公男は日本人信徒として理事を務め顧問となったが、イスラミックセンター全体の運営をする立場にはなかった。またリビアの大学を卒業し、中国から日本に帰化した日本語が堪能なフドルッラー・張中道は同センターの理事を長らく務めている。七〇年代から八〇年代には、イスラミックセンターと日本ムスリム協会の両事務所は非常に近い距離にあり、センターから日本ムスリム協会にさまざまな働きかけがあったが、別組織で今日に至っている。

また現在、日本ではイスラームの礼拝所であるマスジドやムサッラー（礼拝施設）が毎年増加し、その数は五〇弱になっているが、これらの多くは宗教法人格を取得している。その中には在日外国人イスラーム信徒が運営しているものが多いが、京都モスク、新居浜マスジドなどは日本人信徒が運営責任者となっている。

日本人イスラーム信徒の公認された宗教活動の実態から、日本にはイスラームが伝来、あるいは公伝したことは事実であるといえる。

また次は、政府関係機関もイスラームが日本人の信奉する宗教の一つとして認めた事例を伝えた二〇一〇年一二月の警視庁の記者会見内容である。

「公安資料警視庁流出認める 『遺憾』と謝罪職員ら400人調査

警視庁公安部の捜査対象者らの個人情報がインターネット上に流出した事件で、警視庁は24日午前、同庁内で記者会見を開き、流出した文書には同庁公安部の内部資料が含まれている可能性が高いとする調査結果を発表した。個人情報が流出したイスラム教徒らに対しては、『極めて遺憾で申し訳ない』と謝罪。」

とある。(読売新聞朝刊東京版、二〇一〇年一二月二四日付)

漏洩したテロ情報が出版され、そこに記載されていたムスリムたちの一部が裁判所に出版差し止めの訴えを起こし認められたが、出版社は提訴したムスリムたちの記載を削除して出版を続けた。

このテロ情報には、在日外国人ムスリムばかりではなく、日本人ムスリムの情報も含まれていた。また日本ムスリム協会についても記載があった[13]。会長名、生年月日、構成人員、設立目的、動員力、会費額、財政事情（会名義銀行口座残高）などが記載されている。

日本人信徒の組織である日本ムスリム協会は出版差し止めの提訴は行っていないが、前記の警視庁の公式謝罪は日本にいるムスリム全員への謝罪として理解される。

このように、日本において日本人信徒によるイスラーム信仰を政府や関係機関が認知しており、イスラームが在日外国人の宗教でないことは明らかであるのに、多くの日本人はイスラームを外国人の宗教、あるいは在日外国人の宗教と思っている。こうした態度は、信徒でないイスラーム研究者の立場でもある。彼らの日本のイスラーム事情に関する著作の多くには、日本人信徒の部分が欠落している。

本稿では、そうした立場を批判したり、非難したりはしない。しかし、日本におけるイスラーム研究であれば、日本人信徒の研究の部分が欠けていては意味をなさない。外国人ムスリム

（イスラーム信徒）たちが日本について語る場合、あるいは日本人イスラーム信徒と語る場合、日本人のイスラームの歴史には非常に強い関心を示すが、日本人の研究者にとって、それはほとんど関心のない話題といってよい。

これまで、日本の研究者は在日外国人や外国のイスラーム教徒と接触しても、日本人信徒たちと接触してこなかったのはなぜだろうか。在日ムスリムを研究した書の中で、日本人信徒の著したイスラーム・ガイド・ブックが引用されたが、日本人信徒事情に触れていない(14)。

日本人非信徒研究者と、イスラーム諸国の大学でイスラーム学を学び卒業し、その後も研究を続け、クルアーンやハディースの解釈書のアラビア語文献を自由に駆使し、外国のイスラーム学者たちとも自由に議論できる能力のある信徒たちとの接触は少なかった。アラブ民族主義崩壊以降のイスラームの排他的、攻撃的姿が影響しているのだろうか。

5　日本のイスラーム伝来の検討状況

日本におけるイスラーム信仰の始まりを確定することは、日本人イスラーム信徒にとって非常に重要である。なぜなら、日本社会がイスラーム伝来をどのように受け止め、対応したかを知ることになり、日本社会におけるイスラーム信仰がどのようなものであったか、そして、現在どのような状況にあるか、さらには、今後どのような姿になるのかを見通すことにつながるからである。

イスラームが日本人の信奉する宗教の一つであるのに、日本におけるイスラーム信仰の始まり＝日本へのイスラーム伝来の時期がこれまで確定していなかったことは非常に奇妙である。仏教伝来やキリスト教伝来に共通していること、それは政治的支配者の承認、あるいは公的機関の承認であるから、そうした文脈の中でイスラーム伝来を検討しなければ、イスラーム伝来時期の確定は不可能である。この視点が現在まで提示されなかったのは、イスラーム伝来が大陸政策と関係していたためだろうか。太平洋戦争後、日本の大陸政策が否定されたため、そこで多種多様な対民族政策も併せて否定されたのだろうか。当時の日本が多民族国家となっていた以上、民族政策は支配と統治、あるいは支配と行政の根幹であった。嫌う、嫌わないにかかわらず必要な政策であったといえる。

イスラームが公認されているのだから、仏教伝来、そしてキリスト教伝来という歴史用語があるように、イスラーム伝来という歴史用語があってしかるべきである。伝来がなければ、日本社会において、日本人が信奉する宗教の一つとして承認されていないことになる。

ヒンドゥー教はインド人の信仰として知られているが、日本でヒンドゥー教の受容の問題が起こったことはない。またゾロアスター教も受容問題とは無縁である。また『日本人とユダヤ人』⑮という本が文庫版も合わせて三〇〇万部のベストセラーになったが、日本人の信仰としてのユダヤ教が問題となったことはない。日本人にとってイスラームは、ヒンドゥー教、ゾロアスター教、そしてユダヤ教と同じように、知識としての宗教の状態にあるのだろうか。多くの日本人はそう思っているし、そう感じているだろう。だが、仏教伝来やキリスト教伝来と同じように、日本社会の中にイスラーム信徒を受容し、イスラームを日本国の一つの宗教として組み入れようとした歴史的事実があったことをどう見るのだろうか。切支丹禁令によって日本は歴史的発展の機会を失ったという昭和初期の日本人の歴史認識にもとづき、イスラーム受容の対応を誤ってキリスト教受容における歴史的失敗を繰り返してはならないという立場から、日本におけるイスラーム受容の検討が行われた歴史的事実をどう評価すべきなのか。

6　イスラーム伝来を仏教伝来、キリスト教伝来の歴史の流れ中で位置づける

日本の歴史を通じて外来宗教の「伝来」、あるいは「公伝」が問題になった回数はわずかに三度であることはすでに述べた。

仏教、キリスト教、イスラームの三つの外来宗教伝来への日本人の対応を見ると、時代的違

いにもかかわらず、そこに一つの共通点が見いだせる。まずは試してみるという態度である。

こうした日本人の外来宗教受容の態度について触れた、『日本精神と回教』の著者である原正男の言葉を要約すると、次のようになる。

「仏教伝来の時には、稲目宿禰に命じて試みに家で崇拝させたといわれている。しかしこの時期には疫病が発生したが、仏教の福徳果報がなかったと考えられ仏像などが廃棄されたものの、朝廷に勢力を持つ蘇我氏が信奉していたため、次第に公認の宗教となった。

キリスト教伝来は、一五四九（天文一八）年に、マラッカ地方で活動していたイエズス会宣教師フランシスコ・ザビエルが薩摩出身のアンジローに出会い、彼の道案内で薩摩に上陸したといわれている。その後、宣教師が布教活動に本格的に従事する。織田信長は伝道師ブロエー師を上洛させ、面前で仏僧ノキソスミ《ママ》と宗教問答させた。織田信長は布教を許し、南蛮寺も建立されてキリスト教は盛んになり、幼児洗礼も含めて二〇〇万の信徒を獲得したといわれている。その後、秀吉の時代になり、宣教師ガスパルケロを追放し、キリスト教を禁じた。江戸幕府は鎖国政策を打ち出すとともに、切支丹禁令の措置をとった。

仏教、キリスト教伝来において、最初から敵愾心を抱いて接したのではなかった。まずは試して、日本社会に適応できる宗教かどうかが検討されたのである。

イスラームの場合には、支那事変などが起こったことが大きな要因の一つといえる。日露戦争に勝利した後、多くの中国人留学生たちが日本へやってきたが、日本政府の対応がまずかったため、反日的学生をつくりだした。満州国の回教民（イスラーム教徒）たちへの対応を誤って反日となるようなことがないように回教研究が必要となった。このような事情のなかで、国内の宗教団体を統御する法として宗教団体法制定への動きが始まる中、在日イスラーム教徒たちが、イスラームを宗教として明記するようロビー活動を行ったが、結果としてその他の宗教に規定された。これによってイスラームは日本人が信奉する宗教の一つとなり今日に至っている[16]。」

7 原正男[17]『日本精神と回教』における外来宗教論の重要性

日本の外来宗教に対する伝統的立場、すなわち仏教伝来やキリスト教伝来と同じように、外来宗教が受容された場合に積極的な面での有益性の有無、消極的な面での害悪の有無について、イスラーム伝来について論じた書が一九四一（昭和一六）年に発刊されている。著者は原正男で、本のタイトルは『日本精神と回教』である。

私はこの書を日本のイスラーム伝来、つまり日本社会のイスラーム受容の際の検討の書と規

原正男『日本精神と回教』

定したい。同書は、「日本精神と回教」の書名が示すように、日本はイスラームを受容することになったが、その場合のイスラーム認識と対応はいかにあるべきかを説いた書なのである。そして何よりもまず、同書が一九三八（昭和一三）年に成立した大日本回教協会の委託研究であり、同書巻頭の揮毫「破邪顕正」は初代大日本回教協会会長で、首相、陸相、外相、文相を歴任した林銑十郎陸軍大将の筆によるものであったことに強い印象を覚える。その理由は、イスラームを日本の宗教として受容すると同時に、江戸時代中期から書かれるようになった幕府官学儒者による破邪論の系譜を感じるからである。破邪論は仏教側からキリスト教への教義的反論であるが、これに対して儒者の破邪論は漢籍による海外情報にもとづいている。当時、官学儒者は阿片戦争での英国の対中国侵略情報を得ており、国防の観点から侵略的キリスト教国に対する警戒心と対応を明確にするための破邪論が書かれていた。イスラーム情報は、キリスト教に関する文献情報と併記される形で明記されていた。儒者にとってイスラームは、キリスト教の背後にある知識にしかすぎなかった。しかしながら、一九三〇年代にはイスラーム教徒の存在と国策との関係が強くなったために、キリスト教と同じ一神教であるイスラームの検証は反キリスト教破邪論の枠組の中で検討されたといえる。ここで注意が必要なのは破邪論が反キリスト教教義論ではなく、儒官による国防論、あるいは安全保障論の系譜であることだ。宗教的部分がないわけではないが、教義そのものよりも、教義を信奉する信徒の他宗教に対する態度、そして政治勢力としての結集力の部分が検討の中心となっている。

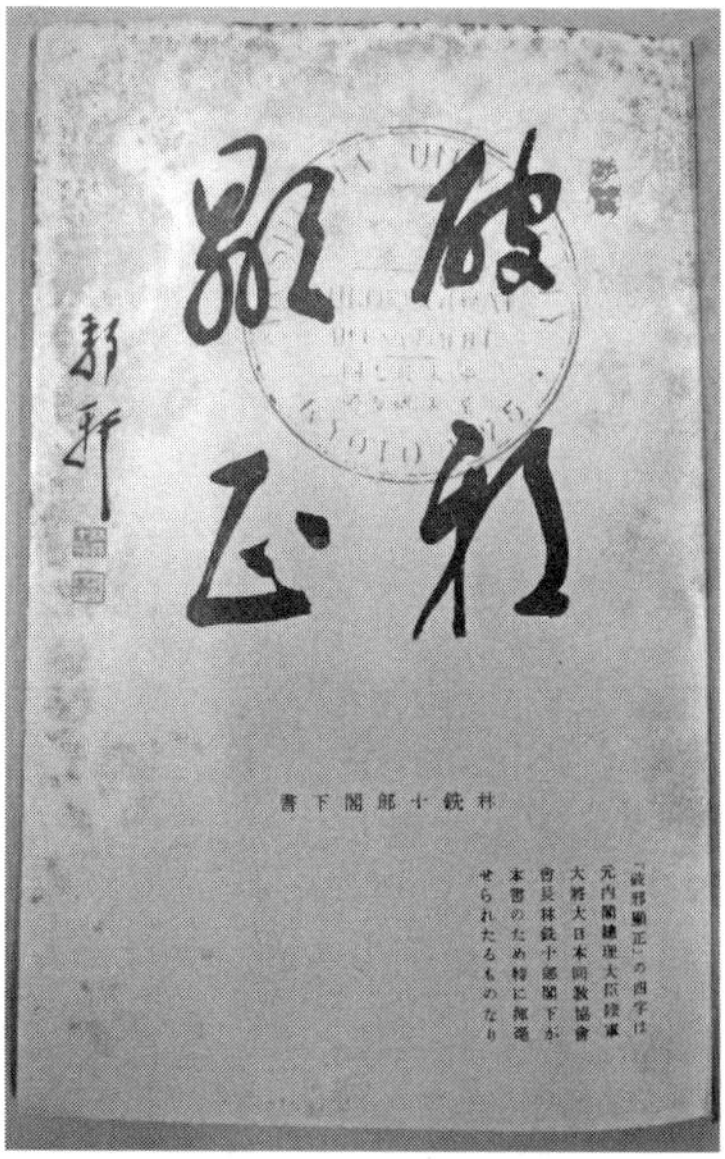

林銑十郎の揮毫「破邪顕正」

原は、仏教とキリスト教という外来宗教を受容した日本社会の得失を詳細に明らかにしているが、その得失の基準は日本の国際的地位の確立と、日本国内の発展への益害である。仏教は福徳果報がなかったものの、蘇我氏の影響が増大する中で、朝廷が受容を決定した。その後、仏教は行基などが出て社会事業を推進し、また学問を発展させた。しかしながら、仏教の核である現世否定思想は現世肯定の神道と相容れず、明治元年神仏分離令が出るに至ったと結論づけている。またキリスト教については、織田信長が布教を許したが、当時の西欧はキリスト教布教の名目で他国民を改宗させ支配していた時期でもあったことを指摘している。ことごとくキリスト教国となった南米はその例である。もし日本が切支丹禁令を発せず、鎖国もせずに、そうしたキリスト教布教の方法を学び自家薬籠中のものとしていたなら、日本の国際的地位は確立し、国運はさらに興隆を極めていただろうと述べている。

イスラームについては、「支那事変によって国運は重大な危機に陥った。中国人の反日感情が高まってしまった。しかし中国人は適応能力があるので、日本の今後の対応で重大局面を打開できる。だがイスラーム教徒は中国人と違い、頑《かたく》なである。いったん対応を誤ると取り返しがつかなくなる。中国人への対応の過ちをイスラーム教徒たちにしてはならない。適切な対応で、日本がイスラーム諸国からも正当に評価され、さらに積極的に交流する過程で彼らを指導し、日本を彼らの文化の中心とする必要がある。」と述べている。「指導」や「日本がイスラーム文化の中心」という部分は希望的観測の域を出ないようにも思われるが、日本がイスラームという外来宗教を受容しなればいけない段階に来ていることは十分認識されている。またイスラームの受容問題が支那事変という国難と深く結びついていたという指摘は特記しなければならない。こうした対応が日本軍国主義の手先だとされてしまうのが戦後日本の戦前批判の立場であるが、現代の中国情勢において欧米が中国の少数民族の人権無視を批判して亡命中国人を受け入れている状況を見れば、異なる民族、異なる信仰を持つ人たちとの争いを避け、友好的関係を樹立しようとする対応そのものは非難されるものではない。

8 原正男『日本精神と回教』の検討

同書を詳細に読むと、当時の日本人のイスラーム情報が非常にレベルの高いものであったことがわかる。大川周明もまたイスラームに造詣が深く、彼の回教概論においては当時イスラーム圏の著名な学者ラムリーなども紹介されている一方、イスラームが本質的に個人主義であり、国家論が欠如していることなどを看破している。当時の著作などから、当時誰がイスラーム学の最高の学者であるのか比較は無意味なくらいに、かなりの数のイスラーム専門家がいて、そのレベルも高かったといえる。

同書で原は、日本が多民族で異なる宗教を信奉する人々を内包するようになった以上、イスラーム受容は不可避であるという立場を取り、過去にキリスト教伝来で禁令を出したような誤った対応をしないように、イスラームを受け入れなければならないとしている。その後で、イスラーム教徒たちの現状を政治、歴史、社会のなかで位置づけている。また唯一神教は日本の宗教と相容れないものの、イスラーム教徒は聖と俗には柔軟であり、教義が異なっていても、良好関係は樹立、維持できるとしている。結論として、イスラーム教徒たちは植民地化され、低い地位に置かれているから、日本を彼らの文化の中心にし、彼らをよく指導して発展させることが可能であると位置づけている。

そして同書の最大の特徴は、イスラームを仏教、およびキリスト教伝来の系譜の中に、つまり伝来の系譜の中に位置づけているのである。

9　『日本精神と回教』の構成と文献資料

同書の構成は次のようになっている。

同書の欧米文献資料

Alfred Guillame "The Traditions of Islam"
Amer Ali "The Spirit of Islam"
D. B. Macdonald "The Religious Attitude and Life of Islam"
D. B. Macdonald "Aspects of Islam"
D. S. Marolіouth "Mohammad and the Rise of Islam"
R. A. Nicholson "Studies in Islam Mysticism"
S. M. Zwemer "The Influence of Animism on Islam"
S. M. Zwemer "Islam, A Challenge of Faith"
T. W. Arnold "The Preaching of Islam"

William Munir "The Life of Mohammad"

当時のイスラーム研究者の知的レベルは高く、それを支えていたものは西欧の文献であったようだ。西欧の文献のイスラームに対する偏見は指摘されるが、この時期にはあっては、西欧のイスラーム諸国侵略も知られており、また西欧のイスラームへの偏見から脱し、学問的立場から研究している学者もいた。原は西欧の文献資料に頼ってはいるが、中国のイスラームの現状を知っていた。さらにイスラーム教徒対策が国策として必要であるとの自覚があるので、イスラーム教義だけでイスラームを見ることなく、イスラームの実際の歴史的事実、イスラーム教徒の気質、日本とイスラーム教徒の関係など、具体的状況のなかでイスラームを検討している。

10 『日本精神と回教』のイスラームおよびキリスト教の教義と歴史

第三章から第四章は、イスラームの預言者ムハンマドの生涯（三章）と、イスラーム指導者選出とイスラーム通史（四章）について書かれたイスラームの基礎知識である。

第五章は、イスラーム政権が宗教団体であると同時に政治団体であり、宗教的性格と政治的性格を併せもつことが指摘されている。しかしながら原は、イスラームが祭政一致とか、聖俗一体とか、政治と宗教を分離していないとかいって、政治と宗教を分離した西欧のように近代化されていない政治体制であるといっているのではない。原は現代日本の研究者たちに見られる西欧の歴史的事実であった政教分離をイスラームの検討に適用してそのまま論じてしまうことから起こる誤謬から逃れている。彼の卓見ともいえるのは、宗教団体でありながら、政治団体として十分機能していると指摘していることである。一九七九年のイラン革命の影響もあってか、日本のイスラーム研究者やイスラーム以外の研究者たちの多くが、イスラームを政教分離しない宗教で近代的でないと見るようになってしまったが、イスラームの政治は宗教的性格を帯びながら、政治が要求する論理に十分応えてきたのである。

「回教は宗教団体であるのみならず、政治団体である。若し宗教として全く回教と一致せざる所あるとしても、共同生活に於いて害とならざれば、それを共同生活に受け入れる余地も有した。これはキリスト教徒をも回教国の高官とならしめたことを以ても知ることが出来る。其実例としてアーノルドのザ・プリーチング・オブ・イスラムは次の如く告げている。

アル・ムオタミド（八九二―九〇二）の時代にアンバールの総督ウマール・ビー・ユーセフはキリスト教信者であった。而してキリスト教信者でも有能の士であって、猶太教徒、回教徒、ゾロアスター教徒よりも信頼す可き理由ありとすれば、それを採用したのである。[18]」

第六章では、キリスト教は精神界を強調するが、政権を目指しているとの世間の疑惑は解けなかったと指摘している。さらにユダヤ教にも触れ、聖俗区別しないとしている。ただ第五章で述べたようにイスラームの歴史的事実は、聖俗区別しなくても俗の論理が十分機能する柔軟さがイスラームにあるとしている。ここでの原の指摘は正確ではない。キリストの十字架は政権を目指さなかったことを示しているし、原が記している、石もて打たれて死んだステファノも同じである。だが、ローマは国家統一のためにキリスト教を採用したという事情もあった。

「キリストは純粋に精神界、即ち神の国に止まって政権に関係する所はなかった。然もキリストは政権を目指すものであると云う、世間の疑惑は始終附纏ったのである。[19]」

第七章は、イスラーム国家が民族を超えた唯一神信仰の神によって統合されている点で、日本と似ているが、日本は唯一神信仰ではなく、八百万の神の国であるから、教義上相容れない。しかしながらイスラームの唯一神信仰の教義は、日本にイスラーム教徒の存在を許すとすれば、許容しなければならないと指摘している。[20]

これは、日本でのイスラーム信仰を公的に承認する立場を証明するものである。

第八章と第九章は、キリスト教とイスラームの教義と異教徒に対する態度の歴史的事実に言及している。

イスラームは「剣かクラーンか」の文句に象徴されるように好戦的であるが、実際は異教徒に寛容であった。一方キリスト教は原理的に愛の宗教で無抵抗主義であるが、政権を握った信徒たちは宗教的同胞や異教徒に厳しい態度で接したと指摘している[21]。

第十章は、支配者のイスラーム教徒への対応として重要な部分である。中国における支配者とイスラーム教徒たちとの歴史的関係を述べている。イスラーム教徒は他の信徒が支配する国に生活していても自分たちの国家を希望する。彼らへの不当な扱いは反乱を引き起こすが、いつも反乱を企図していたのではなかった。中国の例をみればイスラーム教徒が属する国家民族に調和しようと努力したと指摘して[22]、イスラーム教徒には融通性と弾力性があるとしている。

第十一章では、「イスラーム教徒は抵抗主義である。預言者ムハンマドの死後から続く政治的争いはそのことを示している。日本の災害や危機に対する沈着冷静さをイスラーム教徒に教えて同化させ、抵抗主義の気風を矯正させる必要がある」と説いている[23]。

第十二章は、日本の神とイスラームの唯一神は相容れないとしているが、理性を超えた神の理解に共通性があるとし、お互いそれぞれの宗教を発展させていけばよい、そして日本が日本古来の宗教によって今日の発展をみたことを示せば、イスラーム教徒は日本を指導者として認め、彼らを保護していけば、彼らは自分たちが求めるものが日本にあることを知るとしている。(24)このような楽観論が出るのも、日本の外来宗教に対する伝統的立場は教義的論争でなく国防、あるいは安全保障の問題から来ることが理由であろう。

第十三章は、イスラーム神学問題を扱っている。そこでは「イスラーム神学が種々の民族の伝統と思想とがマホメッドに依って一つの宗教に要約されたものである。(25)」と指摘があり、アラビア古来の宗教的要素が全て廃棄されていたわけではなく、巡礼儀式作法、カアバの黒石崇拝、儀式の清浄作法の一部に残ったものがあるとしている。これは捉え方が正確である。またイスラームがゾロアスター教の世界観、仏教の数珠、ユダヤ教の祈禱作法や伝説、そしてキリスト教の聖人たちへの敬意など、影響を受けた事実を指摘している。

また預言者ムハンマドに問う形で宗教問題を解決していたが、彼の死後はそれが不可能となり法学が発達したことも指摘している。

第十四章では、アニミズムを欧州の学者とは異なる立場で、それが、「宇宙万物の霊的方面に覚醒して出来た精神生活とも云える。而してそれは、物の霊的方面を直観する行方であって、真理を何処迄も理論的に追求する行方では無い。我が国でも古来、木の霊、草の霊又鳥獣の霊を認め……(26)」と理性的宗教理解ではないことを肯定的に捉えている。

第十五章では、数珠占い、禊《みそぎ》、祈禱の特徴など宗教儀礼について紹介している。

第十六章では、多神教と一神教との調和、つまり日本とイスラーム教徒との調和点を探っている。結論として相容れない部分があるが、大日本帝国憲法に「日本臣民ハ安寧秩序ヲ妨ケス及臣民タルノ義務ニ背カサル限ニ於テ信教ノ自由ヲ有ス」とあるから、お互いの領域を侵さない限り、信教の自由はあるとしている。この部分は教学内容にまで踏み込まないと理論的解決策は見いだせないが、そこまでは至っていない。

第十七章では、一夫多妻主義を批判し、女性の権利を認め、世界の潮流に従ってイスラーム教徒もその方向へ向かうべきだとしている。

この問題は権利問題であるから、解決は容易であるが、権利を放棄するかどうかで対応できる。

第十八章では、イスラームが奴隷制度を維持していることを批判している。これはイスラームの本質的問題ではない。現代のイスラーム諸国では奴隷制度は消滅しているといってよい。

第十九章では、日本の宗教の古さと八百万の神の信仰が伝統的にあるが、イスラームとはこの点、相容れない。そこからイスラームが霊の存在を認めていることに触れ、それらと神との関係が不明であると批判している(27)。

第二十章では、日本がイスラーム教徒たちを指導して、社会教育を支援して、イスラーム教国の進歩発展に寄与すべきとしている。

極めて詳細な検討である。日本社会でイスラームを受容した場合に問題点を概観している方法は正確であり、現実的かつ具体的である。

原は、このようにイスラーム伝来の検討を行っており、最後に同書から外来宗教に対する伝統的態度を知ることができるが、それは大日本回教協会理事松島肇の序と、著者の第一章の冒頭に示されている。

「今を離る一千三百三十一年前、西南亜細亜の一角アラビアに於いてマホメッドが天啓により預言者として回教を創設して以来、此の宗教は急速をもって東西に弘通し、東は蘭領印度、支那、フィリッピンに及んだが、我国には個々の回教徒の来住は之を別とし、極めて最近に至る迄、宗教団体的活動を見なかった。

回教がわが国民の注意を惹く様になったのは、昭和十四年帝国議会に於いて宗教団体法が審議されてからのことであると謂っても差支ないのである。回教は右法律に於いて仏教や基督教等と対等に条文中に明示せられず、『其ノ他ノ宗教』に包含せられるものとして、我国法に依り公認されたのであるが、当時此の宗教は我国に於いて之を容認して支障なきや否や即ち我国体と背馳する所なきや否やに関し、論議するものなきにしも非ざる状態であったのに鑑み、大日本回教協会は、此の点に関し一二意見を発表すると同時に、原正男氏に依嘱して調査研究をまとめた。[28]」

「一の国家が外来の思想、宗教を国内に採用する場合には二つの目的がなければならぬ。第一は国内的であって、是に依って国家それ自身の地位を高め、又国民の教養と生活を向上せしむることである。第二は対外的であって、是に依って国際社会に於ける国家の地位を高め、対外的に有利の地歩を獲ることである。

外来思想、宗教を承認するに当って、その物は果たして以上の目的に合致するや否やを検討し、其の欠陥を補い、其の長を採り、将来国家に累を及ぼさざる様に予め、之に対して十分なる措置を採るに非ざれば、外来思想、外来宗教は国家の存立を危うくし、又国民生活に重大なる結果を来すことは、古来、東西の歴史の証明するところである。[29]」

日本におけるイスラーム伝来が一九三〇年代であったこと、さらにそれを裏づけるのが同書である。同書には、前年まで首相を務めた、大日本回教協会会長の林銑十郎陸軍大将（予備役）巻頭揮毫の「破邪顕正」があり、また同書が、政府や軍部が支援して設立した大日本回教協会が委託した研究成果であったことは興味深い。

11　戦後日本のイスラーム状況

日本臣民としてイスラーム教徒を、主として中国東北部のイスラーム教徒を国家に組み込み、中東やアジアのイスラーム諸国に対して日本の立場をアピールして国際的地位を高める、一九三〇年代の試みは、一九三九年の宗教団体法、東京モスクの開設、そして大日本回教協会の設立、さらにイスラーム教徒たちの訪日招待など一連の動きによって前へと踏み出したが、それは六年後の日本の敗戦によって頓挫してしまう。しかし、イスラーム諸国からのアジア同胞としての日本への期待は失われていなかった。神戸の在日外国人イスラーム教徒や、亡命タタール人たちは日本を去ることはなく、戦後も日本で生活を続けた。また日本と関係の深い一部中国人イスラーム教徒たちは、中華人民共和国が成立すると日本居住を選んだ。戦後の国際情勢はアジアのイスラーム教徒にとって流動的であったからだ。

宗教団体法は宗教法人法として承継され、全ての宗教は一定の社会的宗教運動の実態があれば容易に法人格が取得できる状況になった。この時点で、日本における「外来宗教の伝来」の歴史的系譜は終焉した。外来宗教の受容が、国家、社会の発展、向上や日本の国際的地位の向上と結びつくことがなくなったからだ。

国家と宗教活動の直接的結びつきはなくなり、宗教布教の興隆は信徒たちの社会への働きかけの成功、不成功の結果となった。これが戦後から現在までの外来宗教の置かれた状況である。

12 イスラームが直面する問題

原正男は戦前の彼の著書『日本精神と回教』の中で、イスラーム受容が日本の進歩に寄与することはないと断言している。その理由として、進歩に必要なものはほとんど日本にもたらされており、あえてイスラームに求める必要がないからだとしている。彼の言葉は、戦後日本のイスラームの状況を予言するものでもあった。

日本人から信仰を求めてイスラームへ接近することは、すこぶる奇妙な現象であり続けた。婚姻、留学生活の縁など極めて個人的な理由であれば、入信も必然といえるが、純粋な信仰の動機から、多くの宗教の中でイスラームを選択することは非常に稀であった。

そうしたいくつかの理由をここで検討するが、それはイスラームが直面する問題でもある。

それは大きく分けてイスラームのイメージの悪化と、教義学が発展しないことである。前者は一九六七年の第三次中東戦争でアラブ民族主義が挫折し、その後をイスラームが埋め、アラブ諸国の団結の役割を担うようになり、一四〇〇年の伝統ある聖俗一致でありながら、世俗的には極めて融通性があり、異教徒に寛容な伝統を失ってしまったことである。近代の民族主義は独立を確立するために最初から激しい革命的性格を内容としているが、さらにアラブ民族主義は反西欧を基本としている。一九六七年に挫折したアラブ民族主義はイスラーム民族主義の様相を呈するようになっていった。もう一つの問題は、教義学が発展してこなかったことである。教義学発展の責任を担うのは日本人イスラーム信徒である。それが好ましい形で戦後発展しなかったのは、イスラーム学を修めた日本人信徒の養成には時間がかかることと、日本社会が日本人信徒の存在をありえないとする無理解にある。

13　失われたイスラームの寛容の伝統

イスラームは他の宗教の信徒に対して入信を強要しない寛容な宗教であった。宗教の違いがビジネスに影響を及ぼすこともなかった。しかし、第三次中東戦争でアラブ民族主義がアラブの団結を維持する思想でなくなると、イスラームがその空隙を埋めたため、イスラーム民族主義の様相を呈していくようになり、イスラームはすこぶる政治的になっていった。自爆テロや国際過激派もイスラームという宗教の名を冠しているものの、実態は反欧米、反イスラエルと、西欧化した支配体制に対するアラブ民族主義的闘争である。こうした激しさが目立ちすぎ、結果としてイスラーム学はイスラーム諸国の情勢分析や、過激派などマスメディアが報道する話題を中心に展開されていくようになり、教義学への関心は高まらなかった。

イスラームはキリスト教と同じように一神教で、複数の宗教を併せて信奉することを認めない二者択一を迫る宗教である。他の神々を否定するが入信を強要することはなく、入信しない人たちとの社会経済関係はそのまま維持される。そのためにジズア（人頭税）があるとの指摘に対して、それは信徒に課される税であるザカート（義務の布施）に対応し、同時にイスラーム社会の一員として自己の信奉する宗教を維持したまま社会経済活動も保障する住民税にすぎない。またイスラーム諸国においては能力主義で、キリスト教徒であっても高位高官に就くことができた。

一四〇〇年にも及ぶそうしたイスラーム諸国の伝統は、アラブ民族主義の弱体化を契機に変化が起こる。イスラームは異教徒との関係を世俗的に平和的な関係として位置づけるのだが、現代のイスラーム諸国の現実はそうした伝統を捨て去った様相を呈している。現代の日本人のイスラーム観は戦前のそれと本質的には同じであるが、警戒感が大いに高まっている。戦前のイスラーム観については本稿の別の個所で日本におけるイスラーム受容の問題との関係から論じたが、イスラームの異教徒に対する寛容な態度に変化が起こった最大の事件は第三次中東戦争である。これは異教徒一般に対する態度ばかりか、ユダヤ人に対する態度も決定的に変化させ憎悪までも生み出した。その理由は、アラブ民族主義がまがりなりにも国民国家の枠組を形成しはじめ、民族の各構成員が同じ感情を抱くことが可能になった時に、その崩壊の後の空隙を埋めたのがイスラームという宗教であったためだ。

一九六七年に起こった第三次中東戦争でエジプトとシリアがイスラエルに敗北し、エジプトはシナイ半島を占領され、シリアはゴラン高原を占領された。その結果、それまで西欧の民族主義が強大な民族国家を形成したように、アラブ民族主義が強力で広大なアラブ民族統一国家を形成するとの信念が崩れることとなった。その信念の空隙に、アラブ民族主義の旗手であったナセル・エジプト大統領の急死を受けて大統領に就任したサダト大統領はイスラームを据えた。それは、サウジアラビア王国との和解による財政支援や、一九七二年の世界の民族主義を支援するソ連の顧問団追放と、米国との関係再構築を進めるものであった。一九七三年の第四次中東戦争はイスラームの大義で戦われ、イスラエルは劣勢に立たされ、米国の介入で停戦に持ち込まれたが、アラブ諸国はこれを勝利と位置づけた。イスラームが体制批判としての危険性を内包しながらもアラブ民族統一に実質的に有効であるとの信念を、アラブ諸国の支配者たちは抱くようになった。その後の歴史を見れば、イスラームの潮流は政治的な色彩をさらに強めて、一九七九年のイラン・イスラーム革命、一九八〇年代の対ソ・アフガン戦争支援、世俗国家イラクに対するイラン・イスラーム共和国の戦争、そしてイスラーム潮流、一九九〇年代のエジプト、ヨルダンなどにおけるイスラーム勢力の議会進出、アルジェリアのイスラーム勢力総選挙勝利と政権掌握直前の世俗勢力のクーデター、そしてアルジェリア内乱、さらにイスラーム国際派のテロや破壊活動と、イスラームは政治的イスラームとなって、反体制、反欧米闘争での大義となっていった。イスラーム教徒たちと個人レベルで交際すれば、イスラームの伝統的な他の宗教の信徒に対する寛容な態度を経験できるが、体制や日本を含めた欧米諸国に対する態度には、イスラーム民族主義が見られる。

こうした半世紀も続いた民族主義の肩代わりの政治的イスラームにようやく変化が見られるようになったのは、二〇一〇年一二月にチュニジアで起こったベン・アリ大統領打倒の通称「ツイッター革命」が最初である。翌二〇一一年二月にはこの「ジャスミン革命」の影響を受け、エジプトでの大衆抗議運動が盛り上がった。ムバーラク大統領の四〇年におよぶ長期政権を批判し、大衆がインターネットや口コミ情報で集結し、政権を打倒した。イランでもインターネットや口コミ情報で大衆的抗議運動が起こり、さらにリビアにも飛び火した。半世紀にわたりアラブ民族主義崩壊の空隙を埋めた政治的イスラームは、大衆の口コミ情報交換が可能となった時代に、本来の宗教的な、そして本質的な役割、人にとっての希望の役割である「神による導き」に戻っている気配が見えている。それに伴って、日本人のイスラームに対する警戒感にも変化が予想できる。

14　日本人の外来宗教に対する伝統的態度

日本人が伝統的に持つ他の宗教に対する楽観的態度がある。それは敵対しなければ友好関係は築けるというものだ。日本が外来宗教である仏教を受容した最初の経験がそうであった。まずければ敬して遠ざければよいという態度でもある。戦前、日本のイスラーム受容を詳細に検討した原正男もその例外ではない。

「(西欧と違い) 我が日本のみは回教徒とはまったく怨恨のない国であり、宗教に対して理解のある国であり、回教発生国及び大部分の回教国と同じ亜細亜の国である。(30)」と述べ、八世紀初頭のイスラーム勢力のイベリア半島制圧、一一世紀後半から一三世紀後半にかけて実施された九回に及ぶ十字軍、一五世紀中葉のオスマーン・トルコによる東ビザンチン帝国の滅亡と、東欧諸国への進出とイスラーム化、一五世紀の大航海時代とイスラーム・アラブ勢力の衰退を契機に始まった中東・北アフリカなど西欧によるイスラーム諸国の植民地化と支配、さらにインド、インドネシア、マレー半島のイスラーム諸国の植民地化などを踏まえて、日本には西欧のようなイスラーム諸国との怨恨はないとしている。

この原の楽観論は、今も日本の研究者の間に引き継がれている。しかしながら、戦後日本の米国追随といえる外交、とくに一九九一年の対イラク湾岸戦争での多国籍軍参加、二〇〇一年の米国のアフガン戦争での自衛隊による給油支援、二〇〇三年の米国の対イラク戦争後の自衛隊のイラクのサマワ駐留などは決して怨恨に無関係とはいえない。とくにアラブ民族主義の停滞の後の空隙をイスラームが埋め、イスラーム民族主義が台頭している中での米国支援はアラブ・イスラーム諸国の日本観を変えてしまった。

それはまた、現代のイスラームを外国人の宗教と見ている日本人に共通した態度である。わからないことがあれば在日外国人イスラーム信徒に尋ねればよい、家庭を訪問すればよい。日本人はイスラームに敵対的でないし、欧米のように戦争も侵略もしていないのだから、友好関係は十分に築ける。このような日本人の楽天的態度は、仏教を受容して以来の伝統的態度であるといえる。仏教は信徒になってもそれまで信奉してきた伝統的宗教を放棄せよとの二者択一を迫らなかったことは、歴史を見れば明らかである。これは、日本の外来宗教受容に深い影響を及ぼす経験となった。しかし他の宗教に対する自己の価値観にもとづく配慮のない質問は相手側に不信感を抱かせるし、警戒心を増幅させるのだ。「敵対しない限り」は本人の思いであって、日本はイスラーム諸国の攻撃にも国連という名目で参加してしまった。多くの外国人イスラーム信徒は日本も欧米の一員と見ているのに、「敵対しない限り」論は通用しない。

Ⅱ　イスラーム教学とイスラーム文化

現代日本人は信徒、非信徒の別なく、仏教文化やキリスト教文化が発信している宗教的メッセージを好意的に受け入れ、各自の人生に役立てることが可能な教養の一部になっているが、イスラーム文化からのメッセージは日本人の教養の一部となっていない。イスラーム教義学が発達しないことが最大の理由である。

教義学は、明治以来の日本のイスラーム学に欠けていたが、現在もそれは十分に補完されていない。

クルアーンや、預言者ムハンマドと彼の同時代の教友たちの言行録（ハディース）に関する解釈学、そしてクルアーンを、人間の知性や理性を介さない故に尊く、信頼に足る神の御言葉であるという事実から第一法源とし、ハディースを、神からの御言葉を学び、導かれた預言者で、かつ神の使者というユダヤ教、キリスト教系譜でありながら唯一神教では初めて預言者と神の使者の二つの役割を担ったムハンマドと、彼から直接教えを受け、彼の宗教的実践を目撃した同時代人の宗教的同胞たち（教友）の言行録を、クルアーンに次ぐ神との結びつきに近いことを根拠として第二法源とし、さらに預言者の死後、そうした結びつきが断たれたイスラーム信徒たちが自らの努力（イジュティハード）で神の導きを守り生きようとするための法学が、信徒にとってのイスラーム教義学であるが[31]、こうしたイスラーム教義学はほとんど未発達の状況にある。

教義学なしのイスラーム学は、信徒たちの宗教的実践（イバーダード）や社会経済活動において、正しい生き方をするための神の導きを得ることができない状況を作り出す。日常生活の具体的問題は、どれ一つとして同じものがないほど多種多様な姿で現れてくる。それらの本質を見極め、神の導きが得られるように正しい判断を得て生きるためには教義学が必要なのであるが、日本のイスラーム研究は切支丹禁令以来の外来宗教に対する研究の伝統が圧倒的に強い。

宗教そのものではなく、宗教をもたらした信徒たちが国防や安全保障のうえで脅威かどうかが検討されるのである(32)。

しかし、信仰は国防や安全保障と直接的関係がない。信仰は心の問題であるが、心の問題を超えて現世と来世の生き方が問題でもある。現世と来世に関していえば、宗教の多くは来世の幸福、あるいは安楽を得るなど共通しているが、現世に関して否定的に見るか肯定的に見るかで宗教の教義も違ってくる。イスラームに関していえば、現世より来世により幸福があると説くが、それは比較しているにすぎず、現世において正しく生きることで、ともに豊かで幸福な生を得ることを教える。

そうして幸福を得るためには、神の導きが必要である。それを知る手段が教義学である。したがって、一国内において信徒が少数派であっても教義学は必要である。また信徒でない日本人にとっても教義学の分野の発達は、イスラーム信徒が何を思い、何を考え、何に納得し、どのような行動に出るかを理解し、予測できることにもつながり、結果として信徒、非信徒の間の宗教的摩擦を回避し、異なる宗教を持つ同じ日本人同士の平和的恒久的関係が形成しうることにもなる。

では、なぜ日本では教義学は発達しなかったのだろうか。

その理由としてまず、日本人信徒の少なさと、イスラームが日本人の宗教観と大きく異なることがあげられる。

日本人イスラーム信徒は数千人にも満たない。信徒が少数派であれば、そこに信徒たちの教義学が発達を遂げることは難しい。本来ならば数がどうであれ、イスラームのように現世と来世の幸福を共に得ることを目的とする宗教であれば、神の導きに従って生きることはたとえ一人の信徒であっても必要であるはずだ。現実を見れば、信徒たちは自分たちの信仰を理解してもらえない多数の非イスラーム信徒たちに弁明することに多くの時間が割かれ、良好関係を維持することさえ困難になることもある。礼拝一つにしてもそうだ。礼拝は決まった時間に一斉に礼拝するものではない。一日五回の義務の礼拝は、決まった時間帯にすればよいのである。しかし日本人の宗教観には、「ひたすらさ」を必要以上に信仰の証と見る傾向がある。仏教の場合には僧侶の普段の生活も知り、自分たちにとって現実への対応も必要であることから、日常生活と信仰のバランスのよい関係を考えながら宗教実践を行っている。その点、他宗教であれば、現実的な利害関係もないから、極端な動きをすれば、それがイスラームだと思ってしまう。だから、突然平伏して、所構わず礼拝を実行する人だけを「信仰厚きイスラーム信徒」と勘違いすることになる。

また物事を何でも、競争と成績比較の中で見ることに慣れている日本人は、宗教にも成績があると考える。他人事なのに、誰がイスラームに熱心かで点数をつけたいのだ。イスラーム教義は権利にもとづいている。神の目から見れば信徒の熱心さの違いは歴然であろうが、神の導きを求める点がより重要なのであり、その人の能力の範囲内で、やりやすい方法を選択すればよいとされている。熱心さのあまり、他人を脅迫したり、権利を奪ったりすることは否定されている。例として母親の授乳義務規定を示す。

「母親は、乳児に満二年間授乳する。これは授乳を全うしようと望む者の期間である。父親はかれらの食料や衣服の経費を、公正に負担しなければならない。しかし誰も、その能力以上の負担を強いられない。母親はその子のために不当に強いられることなく、父親もその子のために不当に強いられてはならない。また相続人もそれと同様である。また両人が話し合いで合意の上、離乳を決めても、かれら両人に罪はない。またあなたがたは乳児を乳母に託すよう決定しても、約束したものを公正に支給するならば、あなたがたに罪はない。アッラーを畏れなさい。アッラーは、あなたがたの行いを御存知であられることを知れ。」（クルアーン、雌牛章二・二三三）

親子関係にあっても、母の授乳義務は二年間である。現在では離乳食は半年後に始められるので、二年は医学的に疑問がある。イスラームでは胎児が最高二年間という説もある。通常の倍と推定される。また夫は妻への扶養義務がある。ここでは離婚された母親の離乳義務について、母が強いられることはないことを言っているのである。日本人は無償の母性愛を訴えるが、イスラームとてそれを否定しない。預言者ムハンマドは「人の天国は母の膝元にある」と言っているように、母性愛は尊ばれる。しかし当時の社会で離縁された女性の権利が保護されている。母性愛が強く、授乳を自発的にする女性であればどうなるか。それは権利の放棄として認められる。離婚された母親が授乳を拒否しても非難されないし、罪はないのである。まさに権利保護が基本となっている。

また実践についてみてみよう。

「アッラーは誰にも、その能力以上のものを負わせられない。（人びとは）自分の稼いだもので（自分を）益し、その稼いだもので（自分を）損う。「主よ、わたしたちがもし忘れたり、過ちを犯すことがあっても、咎めないで下さい。主よ、わたしたち以前の者に負わされたような重荷を、わたしたちに負わせないで下さい。主よ、わたしたちの力でかなわないものを、担わせないで下さい。わたしたちの罪障を消滅なされ、わたしたちを赦し、わたしたちに慈悲を御くだし下さい。あなたこそわたしたちの愛護者であられます。不信心の徒に対し、わたしたちを御助け下さい。」(雌牛章二・二八六)

正道で稼いだものはその人のものであり、悪銭は身につかない。しかも他人の罪を被ることはない。神と信徒との関係に他人が入り込むことはできないし、不用である。そうした事情を知らない信徒でない知ったかぶりの日本人が、礼拝時刻に入ってすぐに礼拝を行わない日本人信徒に説教して、疑惑視するのを目撃した経験がある。それに対して、外国人イスラーム信徒に対しては何をしても認める。

例えば、信徒でないイスラーム研究者の中には、飲酒を認めたアフマド有賀文八郎を偽信者と決めつけた人がいる。それがいかなる立場から判断したかを考慮しない。一方、金融業でイスラームが禁じている利子を所得しているアガ・ハーンというインド人イスラーム信徒を現代イスラームの指導者として礼賛している。[33] これもまた、破邪論の系譜で培われた外来宗教に対する日本人の態度で、日本人イスラーム信徒はありえないとの確信がそうさせたのではないのか。

また後見人規定をみてみよう。

「孤児が成人に達するまでは、最善の管理のための外、あなたがたはその財産に近付いてはならない。また十分に計量し正しく量れ。われは誰にもその能力以上のことを負わせない。またあなたがたが発言する時は、仮令近親（の間柄）でも公正であれ。そしてアッラーとの約束を果しなさい。このようにかれは命じられた。恐らくあなたがたは留意するであろう。」（家畜章六・一五二）

このように後見人として未成年の財を預かったとしよう。しかしながら、犯意もなく、単に計量や勘定を間違ったとしても過失がない場合はどうなるのか。罪は問われない。財が減少しても、神は後見人の善意を知っているというのだ。まさに法的義務を課された人に対しての配慮がそこにある。

「だが信仰して善い行いに励む者は、われは誰にも、能力以上のものを負わせない。かれらは楽園の住人である。その中に永遠に住むのである。」（高壁章七・四二）

一般原則を述べている。神を信じ、神の導きを求めて、正道を進めば天国が約束されている。正道はその人の能力に応じて努力することである。成果の比較などない。神との関係だけである。

「われは誰にも、その能力以上の重荷を負わせない。われには真実を語る書物があるので、かれらは決して不当に扱われることはないのである。」（信者たち章二三・六二）

平伏して礼拝できない者は座って礼拝すればよい。断食ができない者は食べればよい。その分を後で補えばよい。神の御許には、各自の行為を記録した書がある。人は不当に扱われない。善行が数えられないことはない。また悪行が見逃されることはない。これが御言葉の解説である。

中国のイスラームの礼拝所では、小学校の机のようなものが窓際や壁際に数個置かれている。湿気が多いので膝故障で礼拝できない老人たちが必ずでてくる。イスラームでは平伏の礼拝が義務であるが、できない場合には座ったままできるし、座ることが苦痛であるなら椅子に座ったままの礼拝も許されている。そうした根拠は、能力を超えた宗教的実践を求めないことがクルアーンにはっきりと明示されているからだ。日本の宗教観には、負担の軽減が神からの贈り物であるとの理解はない。

また、異なる環境にあるイスラーム信徒たちはその風土、社会に応じて、やりやすいやり方で宗教実践を行えばよいとの保障も聖クルアーンにある。

「主は、あなたが夜間の殆ど三分の二、また（ある時は）二分の一、または三分の一を、（礼拝に）立つことを知っておられる。またあなたと一諸にいる一団の者も同様である。アッラーは、夜と昼を妥当に計られる。かれはあなたがたがそれを計れないことを知り、あなたがたを慈しまれる。だからあなたがたは、クルアーンを無理にならない程度に読め。かれは、あなたがたの中病める者のあることを知っておられる。また或る者はアッラーの恩恵を求めて、地上を旅し、或る者はアッラーの道のために戦っている（ことを）。だからそれを無理にならない程度に読め。礼拝の務めを守り、定めの喜捨をなし、アッラーに立派な貸付け（信仰のための散財）をしなさい。あなたがたが、自分の魂のために予め行う、どんな善いことも、アッラーの御許でそれを見出すことだろう。その（善行の）報奨は、最善にして最大である。あなたがたはアッラーの御赦しを請い求めるがいい。本当にアッラーは寛容にして慈悲深くあられる。」（衣を纏う者章七三・二〇）

熱心が無理強いになってはいけない。また神からの軽減措置は贈り物である。頑張る気持ちが尊いのではない。神は人間の意識も無意識も全てを知っているのだから、神が義務の軽減を許されるなら、それは神からの贈り物であり、恩寵でもある。

不要なくらい引用した嫌いがあるが、日本人の宗教が「形振《なりふ》り構わない犠牲的熱狂」を尊ぶと同様にイスラームもまた同じである。違っているのは、それは他人の迷惑や権利を侵害しないかどうかが常に配慮されるのである。

こうした解説を聞けば、イスラームという宗教が理性的で、優しい寛大な宗教であることを知ることにもなる。普通の人が普通に生きることのできる宗教である。こうした宗教を多くの民族が受け入れたのである。

また、信仰心は顎鬚を生やすことやアラビア人の服装をすることで判断するものではないのだが、イスラームを外国人の信仰と信じて疑わない日本人は、アラビア風の服装をしていることを信仰の篤さの現れと見なす傾向にある。

イスラーム教義学がこのようなものであれば、非信徒であっても宗教的なレベルで学ぶことも多いはずだ。

日本人イスラーム研究者の日本人イスラーム信徒に対する見方は、ある意味で情けないものがある。日本人のイスラーム信徒はありえないとの切支丹禁令以来の破邪論の伝統がそうさせているのではないかと思うほどである。

イスラーム信徒は間違いもする。預言者ムハンマドでさえも、冤罪を信じてしまう危機にあったが、神に救われたことがクルアーンには記されている。

「もしあなたに対する、アッラーの恩恵と慈悲がなかったならば、かれらの一派は、あなたを迷わそうと企んだであろう。だがかれらは只自分自身を迷わせただけで、少しもあなたを損うことは出来ない。アッラーは啓典と英知とを、あなたに下し、あなたが全く知らなかったことを教えられた。あなたに対するアッラーの恩恵こそ偉大である。」（婦人章四・一一三）

トゥアマ・ビン・ウブリクの鎧事件があった。叔父の鎧を盗んだトゥアマはユダヤ人ザイド・ビン・サーミンの家に鎧を隠し、犯人に仕立てあげた。トゥアマの一族が彼の無実を訴え、ユダヤ人を犯人と決めつけた。預言者ムハンマドは彼らの訴えを信じる危機に陥った時、神の啓示が降り、真犯人を明らかにした。

預言者は無謬ではないが、神に守られていることを伝えている。

さらに、戦術の誤りがあったことも伝えられている。

「あなたが早朝に家を出て、信者たちを戦闘の配置につかせた時を思え。アッラーは全聴にして全知であられる。あなたがたの中の二団が、臆病で怯んだ時を思え。だがアッラーはかれらを援護された。だから、信者は（不断に）アッラーを信頼すべきである。アッラーは、あなたがたがバドルで微弱であったとき、確かに助けられた。だからアッラーを畏れなさい。きっとあなたがたに感謝の念が起きるであろう。あなたが信者たちに言ったことを思い起せ。『主が、三千の天使を御下しになってあなたがたを助けられても、まだ充分ではないのか。いやそれどころか、あなたがたが耐え忍んで、主を畏れるならばもし敵軍が急襲して来ても、主は、五千の天使であなたがたを援助されるであろう。』アッラーは、只あなたがたの心の安らぎのために、吉報を伝えられた。偉力ならびなく英明であられるアッラーの御許からの外には、助けはないのである。これはかれが、一部の不信者を切り崩し、かれらを卑しめ、失望させ退かせるためである。（アッラーが）かれらに哀れみをかけられたのか、それとも懲罰なされるかは、あなたに関わることではない。かれらは本当に不義を行う者である。」（イムラーン家章三・一二一－一二八）

ウフドの戦いでイスラーム信徒は敗北した。ウフドの戦いの際に、マディーナに籠城して異教徒を迎え撃つか、あるいは打って出て戦うかで論争が起こった。強硬派は信仰心を見せるために出撃を進言し、籠城派は地形の悪さから不利になると反対した。籠城派のアブドゥッラーら三〇〇名が戦線離脱し、ハーリド・ビン・ワーリドの策略に引っかかったウフド山配置の弓兵五〇名は戦利品を捕獲しようと戦線を離脱した。結果、ムハンマド指揮下の信徒の軍は敗北した。

戦術は間違っていたが、命令に背いた信徒たちは偽善者とされた。

こうした解釈書の内容を知るだけでもイスラーム教義学がイスラーム理解を深めるためにどれだけ豊かな宝庫かを感じることができるだろう。また非信徒であっても、イスラームという宗教の「権利」についての立場、指導者が間違いも犯すことを前提としていること、さらに解釈書が伝えるように、神が人に課した義務を苦痛として捉え、軽減が神からの贈与、あるいは恩恵であるとするなど、修行や鍛錬を基本とする日本の宗教観とどれだけ違うかを感じ取ることができる。アジアにイスラームが拡大したことにも納得がいくだろう。しかしながら教義学は紹介されることも、発達を見ることもなく今日に至っている。そのために日本のイスラーム学は、外からのイスラーム規定、あるいは外部とイスラームとの距離の測定など周辺部分に関心が偏りがちである。最終的には、自らのイメージの中にイスラームを思い描くだけになる。そのような思いを抱いて、イスラーム諸国を訪問する、あるいは生活した場合、それまでの知識が何も役に立たないというよりは、目前に展開されるイスラーム社会と結びつかないことに困惑するしかない。

教義学はイスラームへの接近の近道である。それがあればイスラーム信徒たちを正確に理解し、さらにイスラーム諸国の情勢予測もより正確なものとなるだろう。

いずれにもしてイスラーム信徒であっても、同じ人間として共通の部分があり、それは外国人信徒であっても日本人信徒であっても同じである。外国人の宗教という確信に近い思い込みが無理解を生み出す。

また、イスラーム信徒であっても、さまざまな人がいる。イスラーム諸国でも犯罪は起こる。強欲な人もいる。酒を飲むイスラーム信徒もいる。そういう人たちを含めて、全てを導く教えを説いているのが宗教であり、イスラームである。

だから信徒たちが過ちを犯しても悔悟して、神の導きを願うならば、唯一神信仰を捨てていなければ、反抗（ムアースィー）であった過去は神の判断に任せ、悔い改めの言葉を信じることがイスラーム信徒の義務となる。宗教においては競争原理が働かない。熱心さの判断でイスラーム信徒を差別したり、区別したりすることは否定される。

信仰で一番大事な点は、神の導きを求めて生きるかどうかである。神に全幅の信頼を置き（タワッカル）、神の導き（フダー・ミナッ・ラー）がイスラーム（アッラーへの全幅の信頼した帰依）であり、日本人が誤解をしている狂信的な絶対服従ではない。

一方、イスラーム教義学の知識がないために、イスラームに対する警戒感や誤解が生まれる。

例えば、イスラームの禁酒規定を考えてみよう。日本の社会慣習から見れば「付き合えない奴」とのレッテルが容易に貼られてしまう。また「利子取得行為の禁止」が実施されたならば経済活動が停止してしまうと一笑に付す。過去に共産党が躍進した時、共産主義政権になれば私的所有財産制度が否定されてしまい、また野球などの娯楽も禁止されてしまうなどの恐怖感を煽る言動も、笑い話では済まされない雰囲気で語られたが、それと同じように日本がイスラーム教国になれば、全ての自由は抑圧され、経済活動が停止してしまうという話でも、多くの日本人は納得するかもしれない。世界のイスラーム諸国の現状を見れば、軍事独裁や王国が一番多いのは事実だが、それは西欧のように民主化が進まなかったことが理由で、イスラームが原因でないことは議会制民主主義のイスラーム諸国が存在している事実で否定される。政治以外の部分では、経済活動一つをとっても日本よりはるかに規制が少ないのに、どうしてそのような恐怖感を煽ることができるのかと首を傾げてしまう。

一国内比較少数派がイスラーム研究者から敬遠されるのは、日本ばかりでなく、実数は億を超えるといわれる中国人イスラーム信徒たちの事情にも共通した点がある。

二〇一〇年に中国の北京、青島、上海の一〇余のマスジドを訪問し、礼拝指導者（アホン）たちにインタビューした。また全国イスラーム教会を訪問し、機関誌副編集長で民族大学教員の敏俊卿博士と会い、中国におけるイスラーム研究の現状について話し合う機会を得た。中国のイスラーム研究もまた内政問題としての対イスラーム教徒政策に沿ったものであったため、非イスラーム教徒の研究者たちが主流であったこと、イスラーム信徒たちが教育レベルも低く、世俗的出世が期待できなかったこと、しかし現在ではイスラーム教徒たちからの学者が育ち、アラブのイスラーム諸国に留学する中国人信徒も増え状況は徐々に変化していることなどを知り、イスラーム信徒が一国内比較少数派の点で日本との共通性を感じた。信徒が少数派であるという共通した状況から起こるイスラーム研究の特殊性である。

Ⅲ　日本におけるイスラーム法学

聖俗を区別しないイスラームは、世事においても神の導きに従って生きることが求められる。社会経済生活での正しい生き方の指針、つまり神の導きを正しく理解することを目的としたのが「法学」と呼ばれるものである。

そこで、日本の信徒にとって法学が困難な理由は、クルアーンに記されている文言が現実感をもって迫ってこないことが多々あるからだ。

天国の河

たとえば、「川が下を流れる楽園であり、かれらはその中に永遠に住むであろう。」（イムラーン家章三・一三六）と書かれているが、日本人にとって、川はいたるところにあるし、緑なす森もいたるところにあるから、そのように描写された天国がアラビア人と同じような感動をもって迫ってこない。

利子の倍、倍々

また世事に関することで、「あなたがた信仰する者よ、倍にしまたも倍にして、利子を貪ってはならない。」（イムラーン家章三・一三〇）の利子禁止に関する啓示がある。

日本では、契約で「倍にしまたも倍にして」利子を取るようなことはほとんどない。利子率が複利五％で一〇年預ければ元金の倍近くになるが、クルアーンが言及している利子率はどこで支払われていたのか。日本で、こうした問いを発した人は皆無である。思うに、それだけ支払えるなら儲けがそれを上回らなければいけない。それらが可能な分野は、投資、為替取引、そして商売（物の売り買い）だ。マッカは商業都市であったことを考えると、イスラームは利子を禁じたが、日本のような農業社会の生産性は倍にはならないから、マッカのような商業都市の利子率より遥かに低いことが納得できる。つまり、生業の違い、産業構造の違いの理解なしに聖クルアーンを理解してはいけないことがここでわかる。

返済時期日指定

また預言者は商業都市マッカから、ナツメヤシ栽培を主としたマディーナの農業社会に移住した後、返済期限を定めた消費貸借を許した。農業が盛んなマディーナでは返済は農業収穫物が得られた時期に可能であるから、返済時期の予想は可能であった。一方、商業都市マッカでは生業が商売であるから、農業の収穫に相当する儲けが得られる時期は確定できない。したがって消費貸借の期限を定めることは、借主にとって厳しい条件となった。

イスラーム金融とムダーラバ

イスラーム金融の契約の典型の一つにムダーラバがある。これは出資者がお金を、事業推進者が労働を提供して商品の買付と販売を行う隊商の交易における投資事業であったものを現代金融に適用して合法性を獲得し、イスラームの無利子銀行を主要な事業としたのである。問題となるのは元金保証がないという点である。

法学の古典を繙けば、ムダーラバはイラク地方の契約であり、預言者が生まれたマッカでは「キラード」がそれに相当することは容易に知ることができる。しかし用語が違う以上、本質的な違いもある。ムダーラバは隊商への一回限りの貸付であり、キラードは継続的投資貸付である。後者では年一回、経常利益の計算と元金の状態がチェックされ、出資者と事業推進者との間で利益があれば両者の間で分配する。利益がなく、元金も減っていれば補充し、利益がでた時点で、元金を回復させる。つまりキラード（投資貸付）であれば、元金保証はそれ自体重大な問題とはならない。そして株式会社の前身のようなものだとわかる。日本では法学的研究の発達がなかったので、ムダーラバ契約でクルアーンの利子回避論を展開しても理解に無理があったのである。

利子取得の禁止

農業社会での生産量は予想できる。加工製造業での生産量も予想できる。農業では、前提条件である投入労働者の数と、生産手段の土地が不変であれば、生産量が二倍、三倍、四倍と倍々になることはない。加工製造業においても同じである。したがって、貸主は予想生産量と利益を想定して借主の合意、納得が得られる利率を定めることが容易だ。一方商売は、利益は売れた後だが、いつ売れるか予想できない。また商売での利益は倍々も可能だ。そうであるなら貸主は利率を設定しないで、利益を一対二とか比率でもらったほうが取り分も多くなる。したがって利子取得よりも、収益の分配のほうが魅力的になる。こうした利子取得禁止は、商人にとって受け入れやすいものとなる。

しかし、それはマッカ社会での話である。イラクのような農業社会の場合には、利子率を決めたほうが借主にとってはありがたいことになる。

生産手段――土地、あるいは商品と貨幣

農業社会でなかったマッカにおいて富は商品と貨幣の蓄積で表される。しかし農業社会での富は「石高」で表される。「前田百万石」、あるいは大名は一万石以上など生産手段である農地の保有面積で富が表される。

商人は、商品と貨幣の保有量が生産手段の力を表す。武士は、農地の保有量で生産手段の力を表す。このように見ると、日本では武士が偉く、イスラームでは隊商交易に従事する武装商人が偉いとみなされる。

前記については、拓殖大学イスラーム研究所紀要に掲載された一連の拙稿を参照されたい。このように非常に違っている環境の中で生活する日本人イスラーム信徒は、その違いを理解して法学の適用を考えないといけない。

しかし、それは日本が初めてではない。イラクで発達したハナフィー学派は「意見」を重視する法学を展開した。クルアーンや預言者言行録を適用しないで、慣習法を優先させたり、自己の法的意見を前記二つより優先させた。その理由は、イラクが農業社会であったからだ。『ハラージュ』は農地税制、つまり年貢の金銭納税について論じた書として有名である。同書は農業社会イラクで、正しい神の導きを得るために必要な書であったのである。

社会経済環境が違えば、マッカ社会に啓示されたクルアーンの内容のある部分は適用が難しいことになる。その場合には、社会経済環境を踏まえて法学を展開することが期待される。それによって、少数イスラームの日本でのイスラーム法は深い洞察をもって構築されていくだろう。

これまでは、社会経済環境を考慮しない法学論議が盛んであった。だが、イスラーム少数派の日本においては、初期イスラームと社会経済環境が違うことを考慮にいなければならないのである。それによって、世事における正しい導きが得られる。

最後に

イスラーム少数派社会の日本におけるイスラーム受容、教学文化の発達の必要性、法学における社会経済環境の理解の必要性を述べてきた。

日本のイスラームが絶えず発展するように願う。

注

(1) 本稿では儒教は思想であって宗教とみなさない立場を取る。

(2) 伝来時期については、日本書紀(五五二年)、元興寺縁起(五三八年)などで異なる説があるが、公的なレベルでの承認を重要な判断基準とするので、前者の百済の聖明王の使者が欽明天皇に金銅の釈迦如来像、経典、仏具などを献上ではなく後者資料にもとづいている。

(3) インド、および東インド諸島布教の宣教師でスペイン人のフランシスコ・ザビエルは一五四七年、マラッカでアンジローという名の日本人に会い、彼の案内で薩摩に上陸、領主島津貴久の許可を得て布教を開始した。

(4) 宗教団体法は宗教団体の法人化の承認を目的とした。信教の自由は、「安寧秩序ヲ妨ケス及臣民タルノ義務ニ背カサル限リニ於テ信教ノ自由ヲ有ス」と大日本帝国憲法で保障されたが、宗教団体に関する法はなかった。同法は一九三九(昭和一四)年に制定され、翌一九四〇年四月から施行された。

(5) 精選版『日本国語大辞典』小学館、二〇〇五年。

(6) 山本幸規「幕末儒者のキリスト教観―安積艮斎『洋外紀略』にみる」『キリスト教社会問題研究』三〇、四八二ページ。

(7) 幕末の僧侶による破邪論の主な文献として、徹定『闢邪管見録』一八六一(文久元)年、龍温

『講述闢邪護法策』一八六二（文久二）年、月性『仏法護国論』一八五六（安政三）年などがある。

（8）養鸕徹定（一八一四〈文化一一〉年－一八九一〈明治二四〉年）は、浄土宗僧侶、仏教史家。

（9）龍温（－一八八五〈明治一八〉年）は、真宗の僧、会津人、真宗大谷派講師、香樹院徳龍に師事、京都円光寺入寺、高倉学寮学頭。

（10）月性（一八一七〈文化一七〉年－一八五八〈安政五〉年）は、周防（山口）の人、幕末期尊皇攘夷派の浄土真宗本願寺派の僧。

（11）松長昭『在日タタール人―歴史に翻弄されたイスラーム教徒たち』東洋書店、二〇〇九年などを参照。

（12）有賀文八郎『日本に於けるイスラム教』東方書院、一九三五年、高橋五郎、有賀阿馬土共訳『聖香蘭経―イスラム教典』聖香蘭経刊行会、一九三八年などの著作がある。

（13）『流出公安テロ情報全データ―イスラム教徒＝「テロリスト」なのか？』第三書館編集部編、二〇一〇年、一九一ページ。

（14）桜井啓子『日本のムスリム社会』筑摩書房、二〇〇三年など。同書は日本の在日ムスリムの状況を伝えたものである。同書には日本人信徒が書いた『イスラーム学習』ムスリム新聞社、一七七ページが写真入りで紹介されているが、日本人信徒の歩みが考慮されていないのが残念である。

（15）イザヤ・ベンダサン『日本人とユダヤ人』山本書店、一九七〇年、角川文庫、一九七一年。

（16）原正男『日本精神と回教』誠美書閣、一九四一年、四－一七ページ（要約）。原文は正字・歴史的仮名遣いであるが、読者の便宜を考えて常用漢字・現代仮名遣いとした。

（17）他に『神道の根本研究―我が神典に表はれたる宗教的意義』（吉田書店出版部）を一九三三年に、日本人キリスト教徒佐藤定吉との共著として『皇国の世界指導原理』（信仰殉国会）を一九三七年に出版している。これらの著書で感じられるのは、神道においても、また他の宗教においても、日本に国際的立場を確立するための理論づけと提言が著作を通じて行われていることであるが、それは日本の正当化を目指しているのではない。日本が置かれた状況を改善するために、他の民族との関係を、主として中国との有効な対応を模索しているのである。そうした試みが当時の日本の侵略の正当化に通じるとは言えない。一国民として日本の危機を回避したいとの思いが強いのである。それを裏づけるのは、切支丹禁令が誤りであったと断言していることである。

(18) 原正男『日本精神と回教』誠美書閣、一九四一年、六七－六八ページ。
(19) 同掲書、七七－七八ページ。
(20) 同掲書、九八ページ。
(21) 同掲書、一二七－一二八ページ。
(22) 同掲書、一四三－一四四ページ。
(23) 同掲書、一六六ページ。
(24) 同掲書、一七四ページ。
(25) 同掲書、一七八ページ。
(26) 同掲書、二一一ページ。
(27) 同掲書、三一九ページ。
(28) 同掲書、一ページ。
(29) 同掲書、三ページ。
(30) 同掲書、三三六ページ。
(31) 教義学は通常二つに分かれる。一つは宗教儀礼（イバーダード）で、礼拝、断食、義務の布施、巡礼に関する学問である。他の一つは財の交換法（ムアーマラート）で、民法である。イスラームの最初の布教対象が商業の民であったために、このムアーマラートが発達した。ムアーマラートは個人の自由意思にもとづく財の交換（相互給付）を原則とする。このため西欧では交易と近代産業が発達した一八世紀になってようやく芽生えた個人主義が、イスラームでは七世紀初期には確立していた。ただ、これは財の交換の面だけであって、西欧に生まれた代議制を基礎とした市民社会国家には至らなかった。

歴史をみれば、個人主義の発達は個々の自由意思による財の交換なしには生まれなかった。身分法（婚姻法、遺産法）と呼ばれるか、あるいは家族法（アフワール・シャフスィーヤ）と呼ばれる法もまた財の交換法の一部を成すが、その理由は、他人同士の財の交換は贈与を除き、相互給付を基本とするのに対し、身分法は婚資（結納金）、婚姻、扶養、離婚、相続など財の一方的給付の規定であるからだ。家族のあり方、親子関係のあり方は倫理・道徳問題であり、時代によって変化するのであるから、法による強制は馴染まないという理由で除外される。

宣教学は、信者たちの宗教教育を主とし、異教徒への宣教は来る者は拒まずの立場である。

(32) それは外来宗教に限ったことではない。自由主義、共和主義、共産主義などの政治思想や、資本主義、社会主義などの経済思想なども同様に国防や安全保障のうえで脅威かどうかが問われてきた。

(33) 笠間杲雄『回教徒』岩波新書三三、岩波書店、一九三九年、三〇－三三ページ。

参考文献

原正男『日本精神と回教』誠美書閣、一九四一年。

佐藤定吉、原正男『皇国の世界指導原理』信仰殉国会、一九三七年。

原正男『神道の根本研究―我が神典に表はれたる宗教的意義』吉田書店出版部、一九三三年。

中村安宏、村山吉廣『佐藤一斎・安積艮斎』明徳出版社、二〇〇八年。

山本幸規「幕末御儒者のキリスト教観―安積艮斎『洋外紀略』にみる」『キリスト教社会問題研究』第三

○号記念特集、一九八二年、四七六ページ。
荻生茂博「安積艮斎の思想―幕末官学派における俗と超俗」源了圓、玉懸博之共編『国家と宗教―思想史論集』思文閣出版、一九九二年。

佐藤定吉「支那事変と皇国の目的」佐藤定吉、原正男『皇国の世界指導原理』信仰殉国会、一九三七年。

同書はキリスト教の世界観で、日本の国難（関東大震災、北支事変）を位置づけている。皇国と題しながら、キリスト教の神による助けが皇国にあるとしている。彼において皇国臣民であることと、クリスチャンとしての信仰維持との間における矛盾はない。

佐藤定吉『皇国神学の基礎原理』皇国基督会、一九四〇年、一三ページ。

安積艮斎『艮斎文略』須原屋源助、一八五三年。

安積艮斎『史論』上・下、文求堂、一八七二年。

松園主人編纂『海防彙議』巻一、補巻一五。

安積艮斎『艮斎閑話』信濃出版、一八八六年。

四戸　潤弥（しのへ　じゅんや）

一九五二年、福島県郡山生まれ。東京大学大学院総合文化研究科博士課程単位取得。カタール国立大学イスラーム研究・法学部卒。現在、同志社大学神学部・神学研究科教授。専門は、イスラーム法、およびアラビア語文法。日本文化の中でのイスラーム受容のありかたと、イスラームの日本語での表現伝達方法に関心をもつ。著書に、現実生活の中での指針としてイスラーム教義の実態について述べた『イスラム世界とつきあう法』東洋経済新報社、一九九二年、増補版、二〇〇一年、アラビア語文法を日本語との比較で説明し、またアラビア語文法の根幹である表記と読みとの関係を考慮した『現代アラビア語入門講座』全二巻、東洋書店、一九九六年、などがある。

イスラーム信仰《しんこう》と現代社会《げんだいしゃかい》　ISBN978-4-336-05213-1

平成23年8月15日　初版第1刷発行

編著者　水　谷　周
発行者　佐藤今朝夫

〒174-0056 東京都板橋区志村1-13-15
発行所　株式会社　国書刊行会
電話 03(5970)7421　FAX 03(5970)7427
E-mail: info@kokusho.co.jp　URL: http://www.kokusho.co.jp

落丁本・乱丁本はお取替えいたします。　印刷 モリモト印刷㈱　製本 ㈱ブックアート

イスラーム信仰叢書　全10巻

総編集　水谷　周　協力　樋口美作

2010年4月より隔月刊

定価：2625円(税込)より

1
水谷周著
イスラーム巡礼のすべて

三〇〇万人を集める巡礼はイスラーム最大の行事であり、一生に一度は果たさなければならない信者の義務である。この巡礼の歴史、儀礼、精神面などを総合的に扱った、わが国最初の本格的解説書。

2
水谷周訳著（アルジャウズィーヤ原著）
イスラームの天国

イスラームの人生観は、最後の日の審判にどう臨むか、その日に備え、どれだけ善行を積むかということに尽きる。その天国の様を描いたことで知られる古典を摘訳し、注釈を付す。

3
アルジール選著／水谷周・サラマ サルワ訳
イスラームの預言者物語

預言者ムハンマドはアッラーの使徒として啓示を伝えた。その預言者の人となりや、ムスリムにとっていかに敬愛すべき存在かを、アラブ・ムスリム自身の言葉で綴る。生の声を聞く貴重な機会。

4
水谷周著
イスラームの原点―カアバ聖殿

イスラームの礼拝の方向はカアバ聖殿であり、その歴史は人類の祖アダムに遡るとされる。秘儀に満ちたカアバ聖殿の歴史と種々の事跡について、わが国で初めてアラビア語文献を渉猟して執筆。

5 水谷周著
イスラーム建築の心—マスジド
イスラーム建築の粋は礼拝所であるマスジド（モスク）である。いかに豪華、壮大、多様であっても、その中核的な心は、礼拝における誠実さ、忍耐、愛情、禁欲、悔悟などの徳目に力点が置かれる。

6 飯森嘉助編著
イスラームと日本人
イスラームは日本人にとって、どのような意味を持ちうるのか。イスラームと日本人の接点を回顧し、今後の可能性と問題をまとめる。（飯森嘉助、片山廣、最首公司、鈴木紘司、樋口美作、水谷周）

7 河田尚子編著
イスラームと女性
イスラーム本来の教えでは、男女平等が唱えられている。何が問題になるのか、教えの基本に立ち返って論じる。（金山佐保、齊藤力二朗、前野直樹、永井彰、松山洋平・朋子、リーム・アハマド他）

8 徳永里砂著
イスラーム成立前の諸宗教
イスラームの登場した紀元七世紀以前のアラビア半島の宗教状況は、従来、ほとんど知られていなかった。わが国で初めて本格的にこのテーマに取り組む。

9 水谷周著
イスラーム現代思想の継承と発展
イスラームの現代における政治、社会思想は、どのように継承発展させられているのか。著名な学者父子の思想的な関係を通じて実証的に検証し、アラブ・イスラム社会の家族関係の重要性も示唆。

10 水谷周編著
イスラーム信仰と現代社会
政治、経済、そして安楽死や臓器移植など、現代社会を取り巻く多岐にわたる諸問題に、イスラーム信仰の立場から、どのように捉え対応していくべきかに答える。（奥田敦、四戸潤弥、水谷周他）

アラビア語翻訳講座　全3巻

水谷　周　著

中級学習者のためのアラビア語テキスト

これまでなかった独学可能なテキスト！

アラビア語を実践力にする　待望のレッスン本

アラビア語翻訳講座を全3巻に収録。

全3巻

❶アラビア語から日本語へ――B5判・並製・約200ページ　定価：1470円(税込)
❷日本語からアラビア語へ――B5判・並製・約110ページ　定価：1365円(税込)
❸総　集　編――B5判・並製・約110ページ　定価：1365円(税込)

❶バラエティに富んだ素材――
新聞語、文学作品、アラブ人の作文練習帳に出てくる伝統的文体――

❷政治・経済・文化……日常的に接するほとんどの分野をカバー!!
単語集、表現集としての活用も!!

❸前2巻の総ざらい――
文章構成・成句・伝統的言い回し、発音と音感まで……。